이 책은 한국에 일하러 온 무슬림 노동자인 바이끄가 어떤 과정을 통해 그리스도인이 되었는지 보여줍니다. 또한, 이 책은 그 과정에서 쓰임 받은 '미스터 양'의 간증이기도 합니다. '미스터 양'과 몇몇 그리스도인이 이슬람 신앙과 그리스도에 대한 믿음 사이에서 갈등하던 바이끄가 예수님을 알도록 도와주었습니다. 하나님께서 이분들을 사용하셔서 바이끄의 가족을 예수님께 인도하셨고, 앤튼 부부가 스리랑카에서 제사장적 역할을 감당하도록 역사하셨다고 믿습니다. 세상의 소금으로 사는 것이 결국 많은 사람을 복음으로 인도한다는 이 책의 교훈에 모든 독자가 공감하시리라 믿으며 일독을 권합니다.

강대흥, KWMA 사무총장

당신의 세 시간을 이 책에 투자하십시오! 두어 시간이면 충분히 읽을만한 작은 분량이지만, 크나큰 울림과 깨달음을 주는 책입니다. 세계화와 다문화 현상으로 우리 곁에 다가온 다양한 외국인들에게 필요한 선교적 접근은 개종의 강요나 회유가 아니라, 그들의 아픔을 공감하고 동행하는 '선한 사마리아인'이 돼주는 일입니다.

이러한 성경적 원리가, 바이끄 이스나이니라는 외국인 노동자가 담담히 풀어가는 이야기에 깊이 녹아 있습니다. 명절에 보육원이나 양로원을 찾아가는 방식의 산발적 선행이나 신속한 개종을 겨냥한 단발성 생색내기가 아닙니다. 이 책은 생존을 위해 지푸라기라도 잡으려는 심정으로 대한민국을 찾아온 그들을 평등한 이웃으로 보듬고 부모·형제가 되어주는 긴 동행을 말합니다. 그 지속적 사랑과 존중이 빚어가는 점진적 변화의 여정이 어떤 설교나 강의보다 효과적으로 복음과 선교의 본질을 우리에게 가르쳐줍니다.

여느 간증들처럼 신비롭고 극적인 변화를 강조하거나 회심 이후 '불행 끝 행복 시작' 같은 작위적 대조 없이, 삶의 현실에서 여전히 부딪히는 수많은 도전을 끌어안고 믿음의 여정을 한 걸음씩 내딛는 잔잔한 이야기 전개가 되레 신뢰감을 줍니다. 이 진솔하고 소중한 책을 그리스도인과 비그리스도인 모두에게 권합니다.

정민영, 전 국제위클리프 부대표

"선교사가 되려고 하지 말고 선교를 하라!" 언젠가는 쓰고 싶었던 책 제목이다. 그런데 이 책이 나와서 이제는 그럴 필요가 없어져 버렸다. 이 책의 역자 '미스터 양'은 선교사가 되려고 한 적이 없다. 삶을 통해 선교하려고 애썼을 뿐이다. '미스터 양'은 한 이주노동자를 만나서 '나그네를 사랑하라'는 말씀을 실천하였다. 이 만남은 역자가 전문 직업인으로 해외에서 일하면서 계속 이어졌고, 친구였던 두 사람은 '하늘 가족'이 되었다.

국내 체류 외국인 200만 명 이상의 시대가 되었다. 어떤 사람은 "무슬림들이 몇 명이냐?"를 두려워하지만, 나는 "그 무슬림들이 누구를 만나고 있을까?"가 더 염려스럽다. "누구를 만나느냐"에 따라 이 땅에 와 있는 무슬림의 미래가 완전히 달라질 수 있기 때문이다. 이 책은 '바이끄 이야기'이지만 '미스터 양 이야기'이기도 하다. 이주민이 점점 늘어나는 시대에 삶의 현상에서 편견을 버리고, 무슬림에게 관심을 갖고 친구가 되어주며, 삶의 일부를 공유하는 진정한 "Life As Mission"의 삶을 실천하는 '미스터 양'의 삶은 모든 그리스도인의 귀감이 된다. 코로나-19 이후 참된 '선교인'이 더욱 절실하다. 제2, 3의 '미스터 양' 같은 '선교인'이 많이 나오길 기대하며 이 책을 추천한다.

하손열, 인터서브코리아

새로운 형식의 이야기가 우리 손에 던져졌다. 한국에 근로자로 온 한 독실한 무슬림 바이끄가 예수님을 알아가고 성장하고 사역자가 되기까지의 삶에 관한 이야기다. 이제 한국에서도 국내 다문화 사역이 어느 정도 소개된 상태이다. 그런데 그 이야기의 대부분이 한국 사역자에 의해서 기록되었다. 그러나, 이 책은 그들 자신이 쓴 이야기다. 그들의 시각에서 예수를 영접하고 하나님을 누리고 하나님을 나누는 이야기다.

이 책은 매우 흥미롭다. 주인공 바이끄의 이야기와 그에게 복음을 전한 역자의 이야기가 같이 잘 어우러져 이야기의 전후 상황과 그 의미를 더 깊고 감동적으로 만든다. 바이끄가 예수를 믿게 된 것은 수많은 선한 그리스도인들의 삶 때문이었다. 역자를 비롯한 많은 사람의 환대 때문이었다. 그러나 정작 바이끄의 마음을 바꾼 분은 그가 성경을 읽을 때 역사하셨고 기도할 때 귀 기울여 들으셨던 성령 하나님이셨다. 이 책을 다 읽고 나면 "살아계신 하나님은 선교하시는 하나님이시다"라는 나의 고백을 독자도 하게 될 것이다.

한철호, 미션파트너스 대표

"바이끄 이야기"는 평범한 무슬림 여성이 신실한 그리스도인으로 되기까지의 과정을 담담하게 그린 책이다. 역자가 중간중간 증언한 이야기가 콜라보를 이루며 생생한 입체감을 느끼게 한다. 멀고 낯설게만 여기던 무슬림이 우리 곁에 와서 예수를 구주로 영접했다는 사실이 신기하고 놀랍기만 하다. 바이끄를 오래전부터 지켜보신 하나님은 그에게 믿음의 사람들을 붙여 주셨다.

부모와 형제같이 베풀어준 그들의 사랑이 하나님의 실존을 느끼게 해 주었다는 대목이 특히 감동적이다. 바이끄처럼 땅끝에서 이 땅에 온 나그네들이 2백 5십만에 달한다. 머지않아 5백만이 된다는 전망도 있다. 그들 중에는 적지 않은 무슬림들이 있다. 숱한 선교사들이 해외에 나가 있어도 접촉하기조차 힘든 사람들이 우리의 시야 안에 들어와 있는 것이다. 마지막 시대에 하나님의 오묘한 선교 전략이 아닌가 싶다.

그 놀라운 섭리의 손길을 바라보며 쓰임 받기를 원하는 모든 그리스도인에게 이 책을 기꺼이 추천하는 바이다. 아울러 이 책이 무슬림들의 손에 전해져 그들에게 울림이 되어 그 한 사람 한 사람이 또 다른 바이끄가 되는 즐거운 상상을 해 본다.

홍문수, 신반포교회 담임목사

바이끄 이야기

가까워진 땅끝

하늘씨앗 omf

바이끄 이야기
가까워진 땅끝

초판 1쇄	2022년 10월 25일
2쇄	2022년 11월 30일
저자	바이끄 이스나이니
번역	양성민
편집	임금선
출판	하늘씨앗
홈페이지	www.heavenlyseeds.org
이메일	info@heavenlyseeds.com
출판등록	제402-2015-000011호
주소	경기도 군포시 산본로 323번길 16-7번지 705호
전화	031-398-4650
팩스	031-5171-2468

ISBN 979-11-90441-10-0 (03230)

책 값은 뒤표지에 있습니다.

차 례

옮긴이의 여는 글

이 책은 인도네시아인 바이끄 이스나이니(Baiq Isnaini)의 이야기입니다. 무엇보다 바이끄가 어떻게 하나님을 만나게 되었는지를 이야기합니다.

이 책이 나오게 된 경위를 간략히 설명합니다. 저는 바이끄가 회심하기 전부터 그를 잘 알고 있었습니다. 바이끄는 주변의 다른 인도네시아 친구들에 비해 신실하게 이슬람 신앙을 지키고 있었습니다. 그러한 그가 그리스도인이 되는 과정을 보면서 저는 놀라움을 금치 못했습니다. 그래서 바이끄에게 자신의 이야기를 한번 써보라고 권유했습니다. 그러자 바이끄는 몇 장씩 써서 제게 보내주었습니다. 담백하고 꾸밈이 없는 글이었습니다. 이 글을 책으로 내면 좋겠다고 생각하면서 우리말로 옮겼습니다.

제가 바라본 바이끄의 삶, 그리고 저와 바이끄 부부의 인연에 대해서는 〈쉬어가기 1~5〉, 〈옮긴이의 여는 글〉. 〈옮긴이의 닫는 글〉에서 보충 설명을 했습니다. 또, 인도네시아와 롬복의 현황과 문화, 이슬람과 무슬림의 삶 등에 대해서는 각주를 달기도 했습니다. 그러나 이 책의 저자는 여전히 바이끄이며, 저는 단지 번역자이고 이야기의 산증인일 뿐입니다.

바이끄는 1975년 롬복이라는 곳에서 태어났습니다. 롬복은 발리섬 바로 동쪽에 있습니다. 인근에 작은 섬이 많고 해변이 무척이나 아름답습니다. (롬복 서부 해안 인근의 한 섬은 2017년 방영되었던 TV 예능 프로그램 '윤식당'의 촬영지가 되기도 함) 하지만 관광객이 많이 찾는 몇 지점을 제외하고는 전반적으로 개발이 더딘 편입니다. 바이끄가 태어나서 자란 롬복 동쪽도 마찬가지입니다. 롬복 바로 옆 발리는 힌두교 세력이 강합니다. 반면에 롬복은 원주민 대부분이 무슬림입니다. 바이끄가 태어난 가정은 여느 집과 같이 경제적으로 그다지 풍요롭지 못했습니다. 바이끄는 종교와 가치를 중요시하는 무슬림으로 자랐습니다.

바이끄는 자신의 운명을 개척하고 가족을 돕겠다는 생각으로 한국에 오게 됩니다. 우리나라 정부는 1990년대 초부터 산업체의 부족한 일손을 메우기 위해 산업연수생제를 시행해왔습니다. 이를 통해 많은 외국인이 한국에 들어오기 시작했고 바이끄 역시 그들 가운데 하나가 되었습니다.

2001년, 바이끄가 한국에 왔고, 서울, 상도동에서 한국 생활을 시작했습니다. 이제 그의 삶은 극적인 변화를 맞이합니다. 그의 주변에 있던 그리스도인이 그녀에게 복음을 전했기 때문입니다. 독실한 무슬림이던 그가 예수는 하나님이요 주님이라는 고백을 하기에 이릅니다. 놀라움은 여기에서 그치지 않습니다. 그리스도인이며 스리랑카 사람인 앤튼과 결혼까지 합니다. 아마 바이끄는 한국에서 이런 일들이 벌어질 것이라고는 상상도 못 했을 겁니다.

독자들의 이해를 돕기 위해 몇 가지 설명을 덧붙입니다. 바이끄는 기도할 때 신을 '뚜한(Tuhan)'이라고 칭합니다. '뚜한'은 인도네시아어로 신을 뜻합니다. 무슬림은 창조주인 신을 아랍어로 '신' 또는 '하나님'이라는 의미를 가진 '알라(Allah)'라고 부릅니다. 말레이-인도네시아 세계의 무슬림은 '알라' 대신 '뚜한'이라고도 부릅니다. 무슬림이었던 바이끄는 그리스도인이 된 이후에도 하나님을 여전히 '뚜한'이라고 부릅니다. 그렇다면 '뚜한'을 우리말로 어떻게 옮겨야 할까? '알라'라고 직역할 수는 없으니 '하나님'이라고 옮기는 것이 마땅합니다. 그러나 번역과 관련하여 불필요한 논란을 미리 방지하기 위해 그냥 '신'으로 옮겼습니다.

성경의 하나님과 이슬람 경전인 꾸란의 알라를 모두 '하나님'이라고 부를 수 있는가를 놓고 의견이 갈립니다. 꾸란의 한국어 의미 번역은 '알라'를 '하나님'이라고 옮기고 있지만 그리스도인 중에는 이슬람의 '알라'를 '하나님'이라고 하는 것을 불편해하는 사람들도 많습니다. 이와는 반대로 말레이시아 같은 곳에서는 기독교인이 성경의 하나님을 '알라'라고 쓰려고 하나 이슬람 당국이 이를 금합니다.

또한 많은 무슬림 배경의 신자들은 그리스도인이 되면서 '알라'를 버리고 성경의 '하나님'을 새로 만났다고 하지 않고 무슬림일 때부터 찾고 섬기던 하나님을 길이신 예수님을 통해 만나게 되었다고 고백합니다. 바이끄 역시 무슬림일 때나 그리스도인이 된 이후에나 하나님을 '뚜한'이라고 부릅니다. 그래서 제가 '신', '신이시여'로 옮긴 것을 읽으면 부자연스럽게 느껴질 수도 있습니다. 그럴 때는 그 부분을 마음속으로 '하나님'으로 바꿔 읽는다면 훨씬 더 마음에 와닿을 것입니다.

바이끄가 앤튼과 간 곳은 웰리뻬나(Welipenna) 지역입니다. 그러나 이 지명은 우리나라 사람에게는 낯설어서 웰리뻬나와 가깝기도 하고 스리랑카의 수도로 잘 알려진 콜롬보를 지명으로 사용했습니다.

무슬림 바이끄가 어떻게 하나님을 알게 되었는지, 이어지는 환난을 어떻게 극복했는지, 기도와 믿음으로 고난을 극복한 그의 신앙의 여정이 이 글을 읽는 모든 이들에게 감동과 위로와 도전이 되기를 기도합니다.

양성민

1

내고향, 롬복에서

"하나님 저는 하나님을 믿어요. 그런데 당신이 어디에 있는지
어떤 분인지 몰라요. 하지만 저는 하나님을 무척 두려워합니다.
저는 언제 하나님을 만날 수 있을까요? 그리고 이 세상 끝날에는
어떻게 되나요? 마지막 때가 되어 모든 것이 사라지면
지금 있는 것들은 다 무어라 불릴까요?"

본문중에서..

발리와 롬복. 표시된 부분이 바이끄의 고향 지역인 동(東) 롬복.

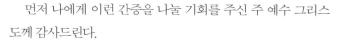

먼저 나에게 이런 간증을 나눌 기회를 주신 주 예수 그리스도께 감사드린다.

이 간증은 내가 어떻게 그리스도인이 되어 주 예수를 나의 구주요, 하나님 나라에 이르는 하나밖에 없는 길로 믿게 되었는지에 관한 것이다.

무슬림 바이끄

내 이름은 바이끄 이스나이니(Baiq Isnaini). 1975년 7월 5일, 인도네시아 롬복의 평범한 가정에서 세 자매 중 첫째로 태어났다. 아버지는 농사를 지으셨다. 부모님 두 분 다 신앙심 깊고 신(알라, Allah)을 두려워하는 무슬림이었다. 아버지와 어머니 쪽 친척들도 다들 신앙심이 깊었고 외가 쪽에는 롬복에서 꽤 유명하고 영향력 있는 이슬람 학자도 있었다.

아버지는 어렸을 때부터 나를 엄하게 교육하셨다. 거친 말을 하거나 거짓말이라도 하면 아버지는 이렇게 말씀하셨다.

"신께서 다 들으시니 다시는 거짓말 하지 말아라. 또 주인 허락 없이 물건을 가져가는 것은 도둑이나 하는 짓이니 그런 짓도 해서는 안 된다. 신께서 다 보고 계신다."

이처럼 나는 내 모든 말과 행위를 신께서 듣고 보고 있으니 신을 두려워해야 한다고 배웠다. 어릴 때부터 내 마음속에는 신에 대한 두려움이 자리 잡았다. 나는 배운 대로 하루에 다섯 번씩 기도하고 금식월인 라마단 달(이슬람력의 아홉 번째 달로 해가 뜰 때부터 질 때까지 음식·흡연·음주·성 행위 따위를 금함)에는 금식했다. 매일 밤 이슬람 경전인 꾸란 읽는 법을 배웠고 아랍어 글자도 차근히 배워 나갔다. 그렇게 몇 년을 공부하니 나중에는 꾸란을 처음부터 끝까지 꽤 잘 읽을 수 있게 되었다. 꾸란을 다 읽은 후엔 나도 선생이 되어 어린아이들이 꾸란을 읽을 수 있도록 가르치고 도왔다. 하지만 그때 읽을 수 있었던 것은 아랍어로 된 꾸란이었다. 인도네시아어 번역본은 가지고 있지 않았다.[1]

꾸란을 읽는다는 것은 뜻을 알고 읽는다기보다는 아랍어 문자 발음을 따라 읽는 것이었다. 읽긴 읽어도 담겨 있는 뜻이 무엇인지 알지 못했다. 그러다 보니 내가 무엇을 하고 있는지 답답했고 뜻이 알고 싶었다. 그렇지만 이 궁금증을 풀어줄 사람

---

1   꾸란은 아랍어로 된 것만 꾸란이다. 많은 무슬림이 꾸란을 다른 언어로 번역하는 순간 이미 꾸란이 아니라고 믿는다. 예배를 드리거나 기도할 때 뜻을 이해하건 이해하지 못하건 반드시 아랍어로 꾸란을 낭송해야 한다. 그래도 꾸란에 담긴 의미를 파악하기 위해 아랍어 외 다른 언어로 번역을 할 수는 있는데 이때에는 꾸란을 번역한다고 하지 않고 '꾸란의 의미'를 번역한다고 한다.

이 주위에는 없었다.

이따금 이렇게 읽는 것이 무슨 소용이 있겠느냐는 생각이 들었지만 굳이 문제를 파고들지는 않았다. 다른 종교에 대해서 알아봐야겠다는 생각도 해 본 적이 없다. 심지어 무슬림이 아닌 친구는 사귀지도 않았다. 아버지와 선생님은 이슬람만이 진리이고 유일한 길이며, 다른 종교를 믿는 사람들은 모두 불신자라고 말씀하셨기 때문이다. 이렇듯 나는 신을 두려워하고 부모님께 순종하는 아이로 자라갔다.

12살 때의 일이다. 나는 아버지 말씀을 따라 논에 가서 벼를 이리저리 뒤집는 일을 했다. 그래야 벼가 빨리 마른다. 한 참 뒤집다 보니 햇볕은 따갑고 몸은 피곤해서 나무 아래 앉았다. 그리고 하늘을 물끄러미 바라보며 이렇게 중얼거렸다.

"하나님[2] 저는 하나님을 믿어요. 그런데 당신이 어디에 있는지 어떤 분인지 몰라요. 하지만 저는 하나님을 무척 두려워합니다. 저는 언제 하나님을 만날 수 있을까요? 그리고 이 세상 끝날에는 어떻게 되나요? 마지막 때가 되어 모든 것이 사라지면 지금 있는 것들은 다 무어라 불릴까요?"

이것은 늘 내 머릿속에 맴돌던 생각이기도 하다. 이런 생각

---

2   옮긴이 여는 글에서 밝힌 바에 따르면 바이끄가 뚜한(Tuhan) 이라고 부른 것을 '신'으로 번역해야겠지만 문맥과 글쓴이의 사고의 흐름을 볼 때 여기서 '뚜한'은 이슬람의 창조주 신이 아니라 일반적 의미의 창조자 또는 신으로 볼 수 있으므로 '하나님'으로 옮겼다.

을 할 때마다 숨이 막힐 듯 갑갑하고 혼란스러웠다. 답을 알고 싶었지만 찾을 수 없었다. 생각만 끝없이 이어질 뿐 늘 막다른 골목에 이르곤 했다. 계속 이런 생각을 하다가는 미칠지도 모른다는 두려움에 억지로 생각을 떨쳐내려 했다.

좋은 학교에서 공부하고 싶어요

나는 잡다한 생각에 빠져들지 않고 공부에만 집중하기로 했다. 초등학교 6년 과정을 마친 후 중학교에 입학했다. 하지만 부모님은 정규 국립 중학교 수업료를 대 주실 여력이 없었다. 그래서 개방형 중학교 (일주일에 일정 기간 대면 수업을 하고 나머지는 자율 수업을 함.)에 들어가야만 했다. 정규 공립 중고등학교와는 달리 개방형 중학교는 매월 수업료를 낼 필요가 없다.

중학교 1학년 때부터 난 똑똑한 학생 축에 속했고 모든 선생님이 나를 예뻐했다. 하지만 개방형 중학교의 수업은 정규 학교의 수업에 못 미쳤다. 따라서 공부를 제대로 하기엔 부족한 면이 많았다. 국립 중학교로 전학을 가고 싶은 마음이 간절해서 어머니를 졸랐다.

"여기서는 선생님들이 학생들을 충분히 보살필 수 없어요. 더 좋은 학교에 가서 제대로 공부하고 싶어요."

그리고 공립 중학교로 전학을 갈 수 있도록 아버지의 허락을 받아달라고 부탁드렸다. 아버지에게 그 말이 전달되었지만 매월 수업료를 낼 형편이 아니라는 이유로 허락받지 못했다. 그래서 크게 실망했고 꿈이 깨져버린 것 같아 슬펐다. 이따금 울기도 했다. 그 와중에서도 어떻게 하면 내 꿈을 이룰 수 있을지 생각했다. 그러나 이렇다 할 방법은 없었고 머릿속으로 그려보는 것으로 그쳤다. 소원대로 전학을 가는 꿈을 꿀 때도 있었다. 그러나 꿈에서 깨어날 때마다 낙심만 되었다. 결국 나는 현실에 굴복할 수밖에 없었다.

부자는 자신의 소망을 이루게 하는 돈이 있으니 점점 더 부자가 되고 가난한 사람은 자기를 개발하고 앞으로 나아갈 돈이 없으니 점점 더 가난해질 수밖에 없다고 생각하기도 했다. 여하튼 난 점점 더 위축되었고 잘 사는 사람들과 어울리는 것이 부끄러웠다. 어머니 쪽 형제 중에는 형편이 좀 나은 사람들도 있었는데 이들과 어울리는 것도 부끄러웠다. 내가 그들 집에 가는 일이 드물었고 그들 또한 우리 집에 거의 오지 않았다. 아마 우리 집 형편이 변변치 않아 그럴지 모른다고 생각했다. 어쩌면 다들 살기에 바빠 오지 않는 것이었을 수도 있지만, 자격지심으로 그런 생각을 했었을 수도 있다.

그러던 어느 날, 생각지도 못했던 일이 일어났다. 도시에 사는 이모와 이모부가 우리 집에 왔다. 이모부가 BRI[3]은행에서 일하고 있었기 때문에 이모 가족은 롬복섬 안에 있는 한 도시에서 살고 있었다. 그런데 이모와 이모부가 나를 도시로 데려

---

3 BRI(Bank Rakyak Indonesia, Indonesia People's Bank)는 인도네시아의 대표적인 국립 상업은행 중 하나이다. 글쓴이의 이모부는 이곳에서 운전기사로 근무했다.

가게 해달라고 아버지에게 부탁하는 것이 아닌가? 나를 학교에 보내고 학비도 다 대 주겠다고 했다. 아버지는 처음에는 허락해 주지 않았다. 우리 가족은 떨어져 살아본 적이 없었다. 나역시도 부모님을 떠나 산다는 것은 생각조차 하기 어려웠다. 하지만 공립 중학교에서 정규 교육을 받고 싶은 마음이 너무 큰 나머지 나는 아버지에게 말했다.

"아버지, 저 가고 싶어요. 가게 해 주세요. 공부하고 싶어요"

아버지는 망설였지만 내가 간곡하게 부탁하자 마침내 허락하셨다. 그래서 나는 중학교 2학년 때부터는 이모를 따라서 도시에 있는 공립 중학교에 다닐 수 있게 되었다.

도시에서의 삶은 시골에서의 삶과는 사뭇 달랐다. 도시 사람들은 항상 바빴다. 저마다 할 일이 많은 것 같았다. 이웃집을 찾아가 한가한 시간을 보내는 일도 없었다. 다들 무엇을 하는지 집 안에만 있었고 볼 일이 있을 때나 밖으로 나왔다. 이런 삶에 적응하기가 쉽지 않았다. 집에 갇혀 있는 것만 같았다. 밖에 나가도 될 때는 오로지 학교 갈 때뿐이었다. 함께 놀 친구도 없었다. 외롭다는 생각이 들었다. 시골에서 많은 친구와 어울리던 때와는 아주 딴판이었다.

부모님, 동생과 떨어져 지내는 것도 슬펐고 외로움을 견디기도 힘들었다. 시간이 좀처럼 가지 않고 하루가 일 년 같았다. 도시에 온 지 몇 개월이 지났다. 이모부가 자주 태워다 주지 못하니 시골에 있는 가족을 만날 기회도 아주 드물어졌다. 방학 때나 집에 갈 수 있었지만 기껏해야 하루 이틀밖에 머물 수 없었다. 다시 가족과 이별하고 이모 집으로 돌아와야만 했다.

가족이 너무 그리웠다. 하지만 전학을 가고 싶어 했던 것은 바로 나 자신이 아니었던가? 꾹꾹 참고 공부에만 집중했다. 그 결과 중학교 3년 과정을 마친 후 그 도시에서 가장 좋은 고등학교에 진학했다. 경제와 회계학을 전공과목으로 택했다. 난 회계학이 참 좋았다. 회계학 과목을 열심히 공부해서 과에서 가장 뛰어난 학생 중 하나가 되었다. 회계학 시험에서 거의 매번 만점을 받았다. 고등학교를 졸업하면 회계학 전공으로 대학이나 전문대학 과정에 진학하고자 하는 마음도 있었다.

하지만 대학에 진학한다는 것은 너무 거창한 꿈이었다. 내겐 그런 능력이 없었다. 부모님 역시 그렇게 비싼 등록금을 대 줄 능력이 없었다. 이모와 이모부에게 기댈 수도 없었다. 중고등학교 과정을 책임져 준 것만 해도 정말 고마운 일이었다. 결국 고등학교를 졸업한 후에는 부모님이 계시는 집으로 돌아가야만 했다. 역시 대학 과정 진학은 우리 형편에는 너무 버거운 일이었다.

그렇게 집으로 돌아와서 몇 달간 시간을 보내는 중에 노동부에서 몇 가지 과정을 개설한다는 소식을 들었다. 전기·전자나 사무업무 같은 과정이었다. 나는 사무업무 과정에 등록했다. 40명의 여학생이 등록해서 함께 공부하며 회계를 비롯해 사무실에서 일하는데 필요한 여러 기술과 지식을 배울 수 있었다. 내가 가장 좋아하는 과목인 회계를 다시 배울 수 있게 되어서 기뻤다. 회계를 가르치는 선생님은 회계학과에 재학 중인 대학생[4]이었지만 그렇게 회계 실무에 밝지는 않았다. 심지어 학생들을 가르치기 전에 항상 나에게 모르는 부분을 물어보기도 했고 대학에서 내주는 자기 숙제도 나에게 도움을 청한 후에야 마치곤 했다.

영화 속에서 성경의 인물을 만나다

7개월 동안 즐겁게 공부하다 보니 과정이 끝났다. 수료 후 치르는 시험에서 나는 학생 중에 가장 좋은 점수를 받았다. 이후 노동부에서는 나를 끼라드(Qirad) 샤리아 은행[5]에 직업훈련생으로 배치했다. 하지만 몇 개월이 지나지 않아 은행은 파산했다.

다시 할 일이 없어졌다. 괜찮은 직업을 얻기 위해 7개월이나 공부를 했지만, 모두가 소용이 없게 되어버렸다. 집에 있으면서 이따금 부모님 농사일을 돕는 것이 그 당시로서는 내가 할 수 있는 전부였다.

우리 가족은 경제적으로 어려웠지만 항상 주어진 것에 감사했다. 나 역시 무슬림으로서 항상 주어진 의무를 수행했다. 하

---

4 박사학위를 받고도 교수 임용이 어려운 우리나라와는 달리 당시 인도네시아에서는 석·박사 과정을 마친 사람들이 많지 않았기 때문에. 석사 학위소지자도 교수가 되었다. 또 대학만 졸업하고도 학교에서 강사로서 학생들을 가르쳤다. 따라서 정부에서 개설한 직업 훈련 과정에서 대학생이 선생님으로 학생들을 가르쳤다는 것은 충분히 이해할만한 일이다.

루 다섯 번의 기도는 물론이고 금식, 그리고 꾸란 암송도 빠지지 않았다. 가끔 사원에서 무슨 일이 있으면 가서 일손을 보태기도 했다. 나는 또래의 청년들과 사뭇 다른 생활을 했다. 내 주위에 무슬림 청년들 대다수가 주민등록상으로만 무슬림이었다.[6] 이들은 말로만 종교가 이슬람이라고 하지 어떤 의무나 명령도 실천하지 않는다. 기도할 줄도 모르고 꾸란을 어떻게 암송해야 하는지도 모른다. 젊은이의 신앙은 부모가 어떻게 어릴 때부터 교육해 왔는지에 좌우되곤 했다. 나는 이들과는 달리 항상 신을 두려워하고 부모님께 순종하는 사람이 되리라 하고 마음을 다잡았다.

그렇게 집에만 있은 지 몇 달이 지난 후에야 인근 지역조합에서 운영하는 금융기관인 마을금고에 일자리를 얻었다. 보수가 충분하지는 않았지만 기쁜 마음으로 일했다. 어쨌건 얼마라도 부모님을 도울 수 있었기 때문이다. 어릴 때부터의 내 바람은 단 하나, 부모님을 기쁘게 해 드리는 것이다.

내가 일하던 마을금고 근처에는 영화 CD를 빌려주는 곳이 있었다. 한 번은 무심코 영어로 된 외국 CD 몇 편을 대여했다. 그중에는 〈십계〉라는 제목의 영화도 있었는데 그 제목의 뜻도 알지 못했다. 성경을 읽어본 적이 없기 때문이다. 성경에 등장하는 인물에 대해 모르는 것은 당연했다.

---

5   이자를 주고받는 것을 금하는 이슬람의 원칙에 따라서 매매나 리스, 합자 등 다른 수단을 활용하여 금융을 취급하는 은행이다.

6   인도네시아는 주민등록증(KTP)에 종교를 표시하게 되어 있다. 많은 주민이 명목상으로만 무슬림이지만 주민등록을 할 때 '이슬람'이라고 신고한다. 이를 일컬어 '주민등록상 이슬람(Islam KTP)'이라고 한다.

내가 아는 인물이라고는 이슬람에서 가르치는 선지자 무사뿐이다.[7] 〈십계〉는 선지자 무사에 관한 이야기일 것이라는 짐작이 맞았다. 이 외에 아담과 이브, 선지자 이사 알-마시(Isa al-Masih),[8] 예수(인도네시아어로는 예수스)에 관한 영화들이 있었다.

여하튼 나는 영화를 통해 나도 알지 못하는 사이에 무사(모세), 이사(예수), 그리고 여러 선지자의 이야기를 접하게 된 것이다.[9] 특히 선지자들의 이야기에 관심을 갖게 되었다. 그들은 어떻게 선지자가 되었는지, 신께서는 왜 그들을 선지자로 택하셨는지, 다른 사람도 많은데 왜 유독 그들을 더 아끼셨는지, 알고 싶은 것이 많았다. 이들 선지자는 운이 참 좋은 것 같다는 생각도 했다. 신에게서 사랑을 받았으니 천국이 보장되었을 것이 아닌가? 또 기적도 행할 수 있지 않은가? 어릴 때 선생님에게서 배운 바에 따르면 선지자 이사(예수)도 죽은 사람을 살리고 십자가에서 죽지 않고 살아서 (무슬림은 예수가 십자가에서 죽지 않았고 신이 예수를 구했다고 믿는다) 하늘로 올리었고 마지막 때에 이 세상에 다시 온다고 했다. (무슬림들은 진정으로 그렇게 믿는다. 선지자 이사의 재림은 이슬람에서 말세의 표지 중

---

7 이슬람의 경전인 꾸란에도 모세와 출애굽의 이야기가 나온다. 다만 선지자의 이름은 성경과는 달리 무사(Musa)이고 무슬림이다. 꾸란에는 성경에서처럼 모세의 출생부터 출애굽 이후 이스라엘을 지도하는 이야기가 한 편의 연결된 이야기로 나오지 않고 꾸란 여러 부분에 걸쳐 조각조각 필요한 부분만 등장한다.

8 예수는 꾸란에는 선지자 이사로 소개된다. 예수는 꾸란에서는 무슬림이다. 이름인 이사 뒤에 붙는 호칭 알-마시는 메시아라는 뜻이다.

9 성경에 등장하는 인물들은 꾸란에도 선지자로 나오는 경우가 많다. 하지만 꾸란은 성경처럼 사건의 전말을 상세하게 기록하지 않고 조각조각 필요한 부분만 소개하기 때문에 무슬림이 꾸란의 내용을 아는 경우라도 선지자들이 어떤 삶을 살고 어떤 활동을 했는지는 자세히 모르는 경우가 많다.

하나이다.)

　모르는 게 많았지만 나 자신에게 물어보며 되뇔 수밖에 없었다. 누구에게 물어보아도 모를 게 뻔했다. 도시로 가서 아는 게 많은 종교 지도자나 선생들에게 물어보면 모를까. 우리 동네에선 기대할 수 없었다. 그래서 다른 사람에게는 아예 내 생각을 이야기하지 않았다.

　무슬림으로서 우리는 선지자 이사가 신의 뜻에 따라 미리얌(마리아)를 통해 태어났으며 신의 사자로 활동했고 많은 기적을 행했다는 것만 알았다. 내가 배운 바로는 이사는 십자가에 못 박혔지만 죽지 않고 하늘로 들렸고, 그리고 이 세상 마지막 날에 다시 올 것이다. 그게 우리가 이사에 대해 아는 지식의 한계였다. 사실 가르치는 사람도 그 이상 알지는 못했을 것이다.

　배움의 과정에서 의문을 품는다는 것 자체를 배우지 못했다. 그러므로 궁금한 것이 있어도 배운 것만 수용할 뿐 굳이 캐묻는 사람은 없었다. 그러다 보니 이사 또는 예수가 정말로 누구인지 전혀 알지 못했다. 나는 기독교의 가르침에 대해 한 번도 들어볼 기회가 없었다.

　내가 살던 롬복섬에 간혹 기독교인이 있긴 했으나 모두가 롬복이 아닌 다른 지역에서 온 사람들이었다. 게다가 우리 동네 사람들은 대부분이 무슬림이었다. 우리는 태어나면서부터 자동으로 이슬람을 믿었다. 이슬람이 유일한 진리이며 구원에 이르는 길이라는 것을 의심해 본 적도 없다. 그래서 나도 항상 종교에서 주어진 예배의 의무를 다하고 신의 명령을 다 지키고 하지 말라는 것은 하지 않기를 힘썼다. 지옥이 너무 무서웠기 때문이다. 이 지옥은 타는 불이 있어 죄짓고 거역하는 모든 사람을 영원히 불태우는 곳이라고 했다.

나는 신을 두려워하고 그분이 명령한 것이라고 알고 있는 것을 다 따랐지만 정작 그분이 어떤 분이신지 그분이 보내셨다는 선지자는 어떤 사람들인지 알고 싶었다. 나는 배운 것들을 넘어서 더 깊이 알고 싶어 하는 무슬림이었다. 그렇지만 롬복 내 고향에서는 알 기회도, 여유도 없었다.

롬복을 벗어나다

내 세계의 전부였던 롬복 밖으로 나갈 기회는 뜻하지 않게 찾아왔다. 마을금고에서 3년 정도를 일했을 때였다. 쓸 데는 많은데 급여는 충분하지 않았다. 내가 돈을 벌기 시작했는데도 우리 집 형편은 크게 나아지지 않았다. 어느 날 문득 살펴보니 집 이곳저곳이 낡아 고칠 데가 많았다. 문과 창문이 부서지고 깨지고 닳아 없어진 것투성이였다. 어떻게 하면 부모님을 돕고 집을 고칠 수 있을까? 그날따라 온갖 궁리를 해 보았지만 이렇다 할 방법이 떠오르지 않았다. 어디선가 갑자기 돈이 생길 리도 없고 남자 형제도 없다. 내가 큰딸이니 뭔가를 해야 하지만 생각만 무성할 뿐 방법이 없으니 막막하기만 했다.

이런저런 궁리를 하는데 1년 전에 한국에 일하러 간 사촌 자매가 문득 떠올랐다.

'나도 한국에 가면 여기에서보다는 돈을 더 많이 모을 수 있

지 않을까?'

한국에 갈 엄두도 나지 않고 방법도 몰랐지만 아무리 생각 해도 그 방법밖에는 없어 보였다. 한국에 가려면 일단 부모님 의 허락을 받아야 했다. 허락받기가 쉽지는 않을 것 같았다. 나 는 집에만 있는 집순이였고 어머니와 함께 하는 것이 아니면 아예 나가질 않았다. 인도네시아 안에서도 다른 지역으로 간다 면 걱정을 살 것이 뻔한데 한국이라니?

'에라 모르겠다. 허락하시든 말든, 화를 내시든 말든 일단 말 이나 해 보자.'

아버지가 피곤하지 않고 기분이 좋을 때를 노리다가 말을 꺼냈다.

"아버지, 제가 한국에 돈 벌러 가려고 하는데 허락해 주시면 좋겠어요. 제가 우리 가족을 도울 수만 있다면 마음이 기쁠 것 같아요. 한국에서 사는 것에 대해서는 걱정하실 필요는 없어 요. 한국은 안전하잖아요. 사람들이 규칙도 잘 지키고 점잖아 요. 그리고 한국에 이미 가 있는 사촌도 있으니까 도움을 받을 수 있어요."

내 말을 한참 들으시던 아버지가 물으셨다.

"그런데 중개 기관에 수수료로 줄 돈은 어떻게 마련하니?" [10]

아버지의 반응은 전혀 뜻밖이었다. 말만 꺼내도 화를 내시겠거니 겁이 났었는데 안된다고 딱 잘라 말하는 대신 비용 마련을 걱정하니 이쯤 되면 반은 허락을 하신 셈이다. 아버지 마음이 변할세라 얼른 답했다.

"그건 걱정 안 하셔도 돼요. 한국에 있는 사촌에게 일단 빌리고 한국에서 일을 해서 갚으면 돼요."
"비용만 마련된다면 네 뜻대로 하렴."

나는 바로 사촌에게 연락해서 수수료를 빌려달라고 부탁했다. 다행히 사촌도 돈을 빌려주겠다고 했다. 이제 중개인을 찾아갈 차례다. 롬복에 있는 중개인들은 한국에 가려는 사람들을 인력송출 중개회사로 데려가 등록시키는 일을 한다. 인력송출 중개회사는 자카르타 인근 도시인 브까시(Bekasi)에 있었다.

2000년 9월, 나는 인력송출 절차를 위한 서류를 제출했다. 그 당시 한국에 갈 연수생 후보자는 나 외에 여섯 명이 더 있었다. 수수료는 모두 천 백만 루피아(한화로 백만 원이 조금 못 됨)였는데 우선 백만 루피아(십만 원 남짓)를 선급금으로 주고 나머지 천만 루피아는 비자가 나온 후에 주겠다고 약속했다. 선급금을 주자 중개인은 산업연수생 등록 신청도 하고 한국어 공부도 시키기 위해 우리를 자카르타로 데려갔다.

---

10 당시에는 우리나라에서 1991년부터 시행된 '산업연수생 제도'를 통해서 국외 근로자들을 받았다. 한국에 연수생으로 선발되어 오기를 원하는 외국인들은 자국에 있는 중개 기관을 통해서 연수생 선발에 필요한 행정절차를 처리했으며 중개 기관에 수수료를 지불해야 하는 것이 일반이었다.

우리는 롬복에서 버스를 타고 항구까지 가서 거기서 다섯 시간 배를 타고 발리로 갔다. 그리고 발리 동쪽에서 서쪽까지 또 버스를 타고 가서 거기서 자바섬으로 가는 배를 탔다. 발리에서 자바 동쪽 항구인 바유왕이(Bayuwangi)까지는 30분이 걸린다. 그리고 거기서 또 버스를 타고 자카르타까지 꼬박 하루가 걸린다. 롬복에서 출발해 자카르타까지는 버스와 배를 여러 번 갈아타면서 총 이틀 정도 걸렸다. 길고 힘든 여정이다. 바유왕이에서 자카르타까지 가는 버스는 아침, 점심, 저녁 식사 시간에만 휴게소에 멈춰 섰다.

자카르타를 오가며

자카르타에 도착하자 한글을 읽고 쓰는 법을 배웠다. 공부할 수 있는 시간이 단 일주일뿐이라 읽기, 쓰기를 능숙하게 해내기엔 시간이 매우 부족했다. 더듬더듬 읽고 겨우 쓰는 정도였다. 자카르타에 있는 송출회사에는 롬복뿐 아니라 인도네시아 전역에서 많은 사람이 모여들었다. 그렇게 산업연수생 등록을 위한 수속을 마치고 겉핥기식으로 한국말 공부도 하면서 자카르타에서 일주일을 보냈다. 그리고 왔던 길을 그대로 되돌아 롬복으로 돌아왔다. 이제 집에서 비자 나오기를 기다리면 된다. 약 삼 개월 후인 2000년 12월, 자카르타로부터 비자 발급 소식을 받았다. 그때가 마침 이슬람의 금식월인 라마단 때였다.

비자가 나왔으니 이제 한국에 가려면 롬복에 있는 중개인에게 약속한 천만 루피아를 주어야 했다. 난 오토바이가 있는 친구에게 부탁해서 함께 중개인에게 갈 생각이었다. 그런데 가는 길에 예기치 못한 사고가 발생했다. 나를 뒤에 태우고 친구가 오토바이를 몰았다. 그런데 친구가 버스를 추월하려고 차선을 넘으려는 순간, 반대차선에서 갑자기 오토바이가 나타났다. 우리는 그 오토바이를 피하지 못했고 길 한가운데에서 두 오토바이가 서로 크게 부딪쳤다. 나는 위로 튀어 올랐다가 길옆으로 떨어졌다. 바로 일어나려고 했으나 그럴 수 없었다. 땅에 떨어져서 한참이나 굴러갔다. 구르는 순간에 침착하게 머리와 얼굴을 가려서 찰과상을 피했다.

잠시 후 정신을 차린 후 일어나 친구를 보니 친구 얼굴에 상처가 보였다. 내 손에도 상처가 있었다. 우리와 충돌했던 오토바이에 타고 있던 두 남자는 옆에 있는 도랑에 빠져 있었다. 그 북새통에도 나는 이웃의 한 사람이 길을 가다가 사고 현장을 보고 있다는 것을 알아챘다. 순간 내 몸 상태보다도 그 사람이 부모님께 달려가 사고 소식을 전할까 봐 전전긍긍했다. 만일 우리 어머니가 그 소식을 듣는다면 기절할지도 모른다.

나는 곧바로 집에 가야 한다며 친구에게 미안하다는 말과 함께 사고 뒤처리를 맡기고 자리를 떴다. 가방 속의 돈이 무사한지 확인한 후 지나가던 승합차에 올라 곧장 어머니에게로 갔다. 집에 가보니 다행히도 어머니는 사고 소식을 모르고 계셨다. 아무도 사고 소식을 어머니에게 알려주지 않은 것 같아 나도 굳이 말하지 않았다.

마음이 다소 가라앉자 다친 곳이 없는지 찬찬히 살펴보았다. 크게 다친 곳은 없었고 손가락, 등, 무릎에 상처가 조금 났다. 부은 곳도 있고 검게 멍든 곳도 있었으나 긴팔 옷과 긴바지로 상처는 가릴 수 있었다. 친구는 병원에 가자고 했지만 약만 바르고 집에서 그냥 참아냈다. 그런데 밤에 등이 너무 아팠다. 어머니에게 등에 기름을 바르고 문질러 달라고 했다. (인도네시아에서 아플 때 사용하는 전통적인 방법) 기름을 발라주려던 어머니가 내 등의 상처를 발견하고 놀라셨다. 난 그 상처가 어떻게 생긴 건지 모르겠다며 혹시 나무에 긁힌 것은 아니냐고 하며 둘러댔다. 어머니는 무릎 등 다른 곳의 상처를 보지 못했기에 더는 물어보지 않으셨다. 어머니에게 걱정을 끼칠까 봐 우려도 되었지만 딸을 염려하는 마음에 혹시라도 한국에 못 가게 할까 봐 두려웠다.

어쨌건 이런저런 일은 다 정리가 되었고 드디어 한국에 가는 일만 남았다. 전에는 중개인이 도와주었지만 이번엔 나 혼자 자카르타로 가야 했다. 함께 한국에 갈 동기 여섯 명은 아직 비자가 나오지 않았기 때문이다. 좀 두려운 마음이 들었지만 용기를 내어 혼자 가보기로 했다. 자카르타 지리를 잘 몰랐을 뿐더러 인력송출회사가 있는 브까시까지 찾아갈 자신이 없었다. 그래도 마음을 굳게 먹고 이틀 길을 떠났다. 신께서 도와주시고 가는 길을 보여줄 것이라는 확신이 있었다. 자카르타에서는 라와망운(Rawamangun) 터미널로 가서 물어물어 브까시로 가는 버스를 탔다. 버스 차창 밖을 내다보니 전에 와 봤던 길이 생각났다.

회사에 도착하니 전에 왔을 때 본 적이 있는 낯익은 얼굴들이 보였다. 인도네시아 각지에서 온 산업연수생들이다. 이 연수생들도 다 비자를 받고 이제 한국에 갈 준비를 마치고 브까시에 와 있다는 것이었다. 거기서 다시 한국어 교육을 일주일간 받았다. 그런데 무슨 이유에서인지 출발일이 20일 연기되었다는 소식을 출발일이 임박해서야 듣게 되었다. 출발이 연기되면서 12월 25일, 크리스마스와 당시 12월 27일이었던 이둘 피트리(Idul Fitri, 한 달간의 라마단 금식을 마치고 이어지는 축제로 인도네시아에서는 최대의 명절이다. 이슬람력은 서력보다 열흘 이상 짧기 때문에 매년 열흘 정도씩 빨라진다.)를 인도네시아에서 보내게 되었다.

회사에 있던 다른 친구들과 직원들은 모두 집으로 돌아갔다. 나만 롬복 사람이고 다른 사람들은 다 자카르타가 속해 있는 자바섬 사람이었다. 그래서 집에 갔다 오는 것이 한결 수월했다. 집에 가려면 다시 그 먼 길을 가야 해서 엄두가 나지 않았다. 하지만 브까시에 남아서 20일을 보내자니 그것도 무서웠다. 회사에는 경비와 주방 직원만 남아 있었다. 그래서 난 그냥 집에 갔다 오기로 했다. 가는 길이 멀지만 집에 가면 아버지 어머니를 다시 한번 볼 수도 있고 가족과 함께 이둘 피트리 명절도 함께 보낼 수 있는 것은 좋은 점이었다.

그렇게 또 먼 길을 나서야 했다. 가는 데 이틀, 오는 데 이틀, 총 나흘이 걸리는 길이다. 온 길을 되돌아가려면 브까시에서 자카르타로 가는 버스를 타야 했다. 집에 가려고 마음먹은 날에는 비가 많이 내렸다. 번개도 치는 것이 마치 건물이 무너질 것만 같았다. 길을 나서는 것이 무서웠지만 사람도 없는 건물에 그냥 남아 있는 것도 무서웠다. 마음이 약해져서 울면서 기도했다. 날은 이미 저물기 시작하고 있었다. 더 늦으면 출발을 못 할 것 같았다. 마음을 굳게 먹고 자카르타 라와망운 터미널로 가는 버스를 탔다.

버스에서는 나이 드신 할머니를 만났다. 그 할머니는 '비가 이렇게 많이 오는데 혼자서 어디를 가느냐?'라고 물었다. 나는 롬복으로 간다고 대답했다. 그러자 그 할머니는 말씀하셨다.

"이제 곧 어두워질 텐데. 그리고 비도 더 온다고 했으니 조심해. 이런 날은 위험해."

그 말에 나는 고맙다고 답했다. 낯 모르는 할머니지만 내 사정을 묻고 걱정까지 해 주시니 위안이 되었다. 터미널에 도착해서는 자바섬 동쪽으로 가는 버스표를 샀다. 출발시간이 꽤 늦은 밤이었지만 상관없었다. 일찍 출발하건 늦게 출발하건 어쨌건 버스표를 샀으니 버스에 몸만 실으면 버스가 날 목적지까지 데려다줄 터였다.

자바섬 동쪽 끝 바유왕이항으로 가는 버스 안에서는 나처럼 롬복으로 가는 남자 승객을 만났다. 그 사람은 사우디아라비아에서 일하다 집으로 돌아가는 길이라고 했다. 나이는 한 마흔 정도 되어 보였다. 이 사람은 내 옆에 앉아서 계속 말을 시키며 이것저것 물어보았다. 하지만 난 그다지 주의를 기울이지 않고 건성건성 답했다. 내가 잘 알지 못하는 남자였기 때문이다. 낯선 곳에서 만난 낯선 남성이니 경계할 수밖에 없었다. 하지만 이 사람은 아랑곳하지 않고 계속 말을 걸며 가족 이야기나 자기가 일했던 사우디아라비아 얘기를 계속했다. 가만히 말하는 걸 들어보니 그렇게 나쁜 사람 같지는 않았다.

그날 밤 버스에서 난 오한이 들고 열이 났다. 집에서라면 약도 먹고 최대한 편히 쉬려 했겠지만 달리는 버스 안에서는 어찌할 수가 없었다. 밤새 달리는 흔들리는 차 안에서는 쉬어도 쉬는 게 아니었다. 오한을 달래려고 차 안에 비치된 낡은 담요를 한껏 덮었지만 그래도 추워서 벌벌 떨었다. 내가 떠는 것을 보고 아까 나에게 말을 붙이던 아저씨가 왜 그러냐고 물었다. 나는 대답하지 않았다. 그 아저씨는 양해를 구하고 내 이마를 짚었다. 그리고는 '어, 열나잖아.'라고 하며 자기에게 약이 있다며 가방에서 약을 꺼내 나에게 먹으라고 건넸다. 그리고는 자기 담요까지 나에게 덮어 주었다. 아저씨의 친절을 보면서 어쩌면 이 사람은 신께서 나를 도우려고 보내준 사람일지 모른다는 생각이 들었다. 그래도 모르는 사람이라 경계를 풀지는 않고 말도 조심했다.

버스가 자바섬 동쪽 바유왕이 항구에 도착하고 우리는 롬복으로 가기 위해 배로 옮겨 탔다. 기도 시간이 되어 배에 있는 기도처에서 기도를 마치자 아팠던 몸이 한결 가뿐해졌다. 버스에서 만났던 아저씨는 배에서도 나에게 다가왔다. 그리고는 신문과 잡지를 주며 읽으라고 했다. 하지만 뭘 읽고 싶은 기분이 아니어서 읽지는 않고 아저씨와 멀리 떨어져 멍하니 앉아 있었다.

그런데 그때 등 뒤에서 이상한 소리가 들렸다. 남자 목소리인데 기분 나쁜 소리와 야릇한 이상한 웃음이 섞여 있었다. 무슨 일인지 살짝 뒤돌아보고는 깜짝 놀랐다. 한 남자가 날 음흉하게 쳐다보며 이상한 행동을 하고 있었다. 너무 겁이 나서 난 아까 나와 얘기를 나누던 아저씨에게로 다가갔다. 그리고 말을 건네며 짐짓 친한 체를 했다. 내가 아까와는 달리 너무 친하게 말을 걸어오자 아저씨는 조금 놀라며 무슨 일이 있냐고 물었다. 나는 일부러 큰 소리로 저 음흉한 남자가 한 짓을 얘기해 주었다. 내가 들으라는 듯이 크게 얘기하자 그 이상한 남자는 아래쪽 선실로 서둘러 내려갔다.

아저씨는 바로 앉아 있던 자리에서 일어나서 그 남자를 찾으러 가려고 했다. 난 어디 갈 곳도 없는 배 안에서 일을 크게 만들기 싫어 그 사람이 그냥 내려갔으니 굳이 찾아낼 필요는 없을 것 같다고 말했다. 아저씨도 이내 수긍하고는 다시 앉아 잡지를 읽어 내려갔다. 나도 앉아서 자카르타에서부터 시작해서 배에서 방금 일어난 일까지를 곰곰이 생각해 보았다. 아마도 신께서 나를 돕는 사람으로 이 아저씨를 내 옆에 두신 것이 아닐까 하는 생각이 들었다.

그렇게 우여곡절을 거쳐 롬복에 도착했다. 집에 도착하자 부모님은 다시 집에 돌아온 날 보고 깜짝 놀라셨다. 난 출발이 이십 일 지연되었을 뿐이며 새해에는 다시 출발할 거라고 설명했다. 어머니는 오토바이 사고 난 것을 들먹이며 왜 그런 일을 말하지 않았느냐며 우시면서 나를 나무랐다. 내가 자카르타로 떠난 이후 다른 사람에게 소식을 들은 것이다. 나는 엄마에게 말했다.

"저 괜찮은데 왜 울어요? 엄마를 걱정시키고 싶지 않아서 말씀드리지 않았을 뿐이에요."

시간이 다시 흘러 크리스마스도 이둘 피트리 명절도 다 가족과 함께 보내고 나니 2001년 새해가 되어 출발할 날이 되었다. 아버지와 어머니는 출발 전에 날 위해 기도해 주었다. 두 분은 우시며 '어디를 가든지 조심해라. 너를 낮추고 정직하게 행해라. 다른 사람들에게 좋은 인상을 주어라.' 하고 당부했다. 이 말을 듣자 마음이 너무 슬퍼졌다. 나는 울면서 두 분을 꼭 안았다. 왠지 다시는 부모님을 만나지 못할 것만 같다는 생각이 들었다. 부모님과 동생들을 남겨두고 가는 심정은 너무 쓰라렸지만 난 마음을 다잡았다. 그리고는 집을 나서고는 고개를 돌려 집도 가족도 다시 쳐다보지 않았다. 자카르타로 가는 이틀간의 지루한 여정을 다시 한번 마치고 이제 짐을 싸서 비행기를 타는 일만 남았다. 그렇게 2001년 1월 7일 나는 자카르타 수카르노-하타 국제공항을 출발하여 한국으로 가는 길에 올랐다.

우리 곁에 머물다
떠난 이웃들

나는 관악구 봉천동에 살았다. 봉천고개를 넘으면 바로 상
도동이고 숭실대학교가 있었다. 지금은 길이 확장되고 지하철
역도 있지만 25년 전만 해도 그렇게 넓지 않은 왕복 4차선 도로
를 타고 차들이 힘겹게 고개를 넘어가던 곳이다. 사는 곳은 봉
천동이지만 다니던 교회가 지금 숭실대 입구 지하철역 인근에
있어서 고개를 내려가 상도동 쪽으로 자주 걸어서 넘어갔다.

외국인을 자주 볼 수 있는 곳은 아니었다. 어릴 때는 동네에
외국 사람이라도 보이면 신기해서 쳐다보면서 '미국 사람이다.'
라고 얘기하곤 했다. 그런데 고등학교를 졸업하고 대학에 진학
한 1996년 무렵부터 교회 주변에 외국 사람이 많이 보이기 시
작했다. '미국 사람'은 아니고 좀 더 짙은 피부색을 가진 사람들
이었다. 알고 보니 교회 바로 옆에 있는 모자공장에 일하러 온
외국인 근로자들이었다.

숭실대 인근은 공단지역도 아니고 전형적인 주택가인데 유
독 교회 바로 옆에만 건물 하나로 된 모자공장이 있었다. 그 공
장에서는 한국인들과 함께 인도네시아, 필리핀, 스리랑카 같은
곳에서 온 일꾼들이 일하고 있었다. 이 공장이 한국에 온 바이
끄가 배치받아 4년 반 동안 일하던 회사이다. 나는 대학교 1학
년 때인 1996년 교회에 공중전화를 쓰러 왕래하던 인도네시아
사람 구나완을 만나 친구가 되었다. 이후 다른 인도네시아 친

구들도 만나서 친구가 되었다.

바이끄와 나중에 바이끄의 남편이 된 스리랑카 사람 앤튼은 그렇게 교회 옆 공장에서 일하며 오다가다 나와 마주치다 맺어진 여러 인연 중의 하나이다. 나중에는 특별한 인연이 되었지만, 그때만 해도 처음 만나서 친해진 인도네시아 남자 근로자들과 친하게 지내서 정작 바이끄와 앤튼과는 그렇게 많은 시간을 보내진 못했다.

1991년부터 시행된 산업연수생 제도를 통해서 한국에 왔으니 바이끄와 앤튼을 포함해서 내가 만난 친구들은 정확하게 얘기하면 근로자가 아니고 연수생이다. (바이끄와 앤튼은 한국 체류 중에 '고용허가제' 시행으로 근로자가 되었다) 본격적으로 외국인 근로자에게 문호를 열 수 없어서 '연수생'이라는 타이틀을 붙였을 뿐 사실은 근로자가 맞다. 그래도 연수생이다 보니 당시 친구들이 받던 기본급은 월 30만 원 정도에 그쳤다. 25년 전 인건비나 물가를 생각해도 적은 액수이다. 거기에 초과근로를 많이 해서 수당을 받으면 50~60만 원 까지도 받을 수 있었다. 그래서 다들 야근과 휴일 근무를 하고 싶어 했다.

이 정도의 월급도 고향에서 벌 수 있는 것에 비하면 괜찮은 액수지만, 연수생으로 배치받은 사업장을 이탈해서 소위 불법 체류자가 되면 기본적으로 월 백만 원 이상을 벌 수 있었다. 단속에 걸리면 어떡하지 하는 두려움도 있지만 이미 이탈해서 더 많은 돈을 버는 친구들을 보면 연수생 신분으로 받는 돈이 적어 보인다. 돈을 벌러 한국까지 왔는데 더 많은 돈을 벌 수 있다는 것은 큰 유혹이다. 그래서 많은 연수생이 사업장을 이탈했다. 나도 친구들 숙소를 찾아가면 지난주까지 있던 친구가 보이지 않는 경우가 많았다. 이유를 물어보니 도망갔다는 것이다. 그 무렵 친구들과 이야기하다 보면 '불법'이니 '도망가' 같은 단어를 흔히 들을 수 있었다.

그들 가운데는 한국에서 일해서 돈을 착실하게 모아 고향에 작으나마 집을 짓기도 하고 땅을 사기도 하며 작은 가게 밑천을 마련하는 친구가 있었다. 반면에 힘들게 돈을 벌었지만, 모으지 못하고 다 쓰고 가는 사람도 있었다. 때로는 권리를 보호받지 못해서 월급이나 수당을 제대로 받지 못하거나 몸만 상해서 가는 사람도 많았다. 바이끄와 앤튼처럼 처음에 배치받은 사업장에서 3~5년 동안 계속 일하는 사람들도 있었다.

인도네시아나 스리랑카 친구들에게 한국에 오기 전에 무엇을 했는지 물어보곤 깜짝 놀랄 때도 있었다. 대학에서 학생을 가르쳤다는 사람도 쉽게 만날 수 있었고 회계법인에서 일했다거나 호텔에서 일했다는 친구도 있었다. 서툴지만 영어도 웬만큼 할 수 있는 경우도 많았다. 한국에 연수생을 보내던 초기에는 '연수생'이라는 취지에 맞게 그 나름대로 선발기준이 있었던 모양이다. 처음에 만났던 인도네시아 사람 구나완과 그 친구들은 한국으로 오기 전 인도네시아에서 4주 훈련을 받았다며 군복 같은 카키색 옷을 입고 짧은 머리를 하고 달리기도 하고 하는 사진을 보여주었다. 외국에서의 연수 생활이 어려울 수 있으니 육체적, 정신적으로 준비시키기 위한 훈련이었다고 한다. 권위주의적인 수하르토 정권이 무너지기 전 일이라 가능한 일이었을 것 같다는 생각이 든다.

1991년 처음 시행된 '산업연수생' 제도는 2004년 '고용허가
제'로 바뀌었다. 그리고 지금은 나라 밖에서 들어와 우리 주위
에 머물며 일하는 사람이 훨씬 많아졌다. 25년 전에는 우리 동
네 주변에서 외국인을 보고 신기하게 여겼지만, 지금은 어디에
서든 외국인이 더는 신기해 보이지 않는다. 다른 나라에서 온
친구들은 이제 공장에만 있는 것이 아니다. 과수원과 논밭, 고
깃배에도 낯선 말을 구사하는 이들이 눈에 많이 띈다. 이들이
없으면 농사도 못 짓고 고기도 못 잡는다.

나라 밖 사람들을 나라 안에 들어와 일하도록 문을 연 지가
삼십 년이 다 되어간다. 그동안 얼마나 많은 사람이 우리 곁에
머물다 갔을까? 얼마나 많은 사람이 가족의 행복과 더 나은 삶
을 위한 돈을 벌기 위해 일하다 돌아갔을까?

인도네시아에서 근무할 때(2015년~2018년), 택시를 타거나
길에서 현지인들을 만나면 자기가 한국에 언제 갔다 왔다거나
자기 친척 아무개가 지금 한국 어디에 있다는 말을 흔히 들을
수 있었다. 생판 처음 보는 인도네시아 사람의 입에서 평택이
니 대구니 하는 우리나라 지명이 흘러나오는 것이 신기하고 재
미있었다. 이 사람들의 한국 생활은 어땠을지 궁금했다. 한국
은 그리고 한국 사람은 이들에게 어떤 기억으로 남아 있을까?

바이끄와 앤튼도 5년이라는 세월 동안 우리 곁에 머물다 간

우리의 이웃이며 친구이다. 한국에 올 땐 서로 알지 못했던 두 사람이 이곳에서 연인이 되고 부부가 되었다. 더구나 바이끄는 여기서 예수님도 알게 되었다. 한국을 떠난 지 15년이 지났지만 지금도 서로 얘기할 때 한국말을 섞어서 얘기하는 이 부부에게 한국은 어떤 나라였을까?

2

서울에서

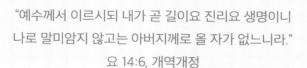

"예수께서 이르시되 내가 곧 길이요 진리요 생명이니
나로 말미암지 않고는 아버지께로 올 자가 없느니라."
요 14:6, 개역개정

048

모든 것이 낯설다

2001년 1월 7일, 나는 8명의 여성과 몇 명의 남성 근로자들과 함께 한국으로 향했다. 우리를 태운 대한항공 여객기는 김포공항으로 향했다. 비행기를 처음 타는 것이라 신기하고 신났다. 반면에 가족과 점점 더 멀어진다는 생각에 슬프기도 했다. 가족은 나의 모든 것이고 나의 힘이었다. 지금껏 가족과 이렇게 멀리 떨어져 본 적이 없었다.

김포공항에 가까이 왔을 즈음에 눈이 너무 많이 와서 착륙할 수 없다는 기내 방송이 들렸다. 우리가 탄 비행기는 제주공항으로 회항하여 김포공항이 다시 열리기까지 몇 시간을 기다린 후에야 김포로 돌아와 착륙할 수 있었다. 한국이라는 나라는 눈이라곤 한 번도 본 적이 없는 나를 온통 새하얀 눈으로 맞아주었다. 김포공항에 내리니 이번엔 엄청난 추위가 우리를 기다리고 있었다. 얼마나 춥던지 몸이 덜덜 떨렸다. 이렇듯 뼛속을 파고드는 추위는 난생처음이었다. 인력송출회사에서 준 재

킷은 그다지 두껍지 않아 추위를 막기에는 부족했다. 우리는 버스를 타고 훈련센터로 향했다. 가는 길에 난 인솔 책임자에게 물었다.

"아저씨, 전 어디에 배치되고 무슨 일을 하게 되나요?"

그러자 그는 내 이름을 듣고 서류를 힐끗 보더니 서울로 배치될 거라고 답했다. 그리고 회사 이름을 알려주었다.

"거긴 뭐 하는 곳인가요?"
"모자공장이야."

모자공장이라는 말을 듣고는 내가 한국에서 재봉 일을 하게 되리라는 것을 그제야 알았다.

훈련센터에 도착하니 인도네시아에서 함께 온 동료들 외에도 아주 많은 사람이 있었다. 여러 나라로부터 온 사람들인데 그 가운데 중국에서 온 사람이 가장 많았다. 중국 사람들은 다른 나라에서 온 훈련생들과 잘 어울렸다. 다들 낯설고 어색할 텐데도 거리낌이 없었다. 이들은 내게도 다가와 무엇인가 계속 이야기했다. 나는 전혀 알 수 없는 말이었다. 손에 들고 있는 지폐를 가리키는 것을 보고서야 그것이 돈을 교환하자는 말이구나 짐작할 수 있었다. 아마도 여러 나랏돈을 기념으로 갖고 싶었던 모양이다.

"제겐 인도네시아 화폐인 루피아가 없어요."

이 말을 영어로 말했으나 이번엔 그쪽에서 내 말을 알아듣지 못했다. 그리고 계속 돈을 바꾸자고 말했다. 지갑을 꺼내 돈이 없다는 걸 보여주니 그제야 돌아섰다.

식사 시간이 되자 식당에 가서 밥을 먹었다. 태어나 처음으로 한국 음식을 접하다 보니 맛이 익숙지 않아 거의 먹지 못했다. 양념부터가 낯설어 반찬은 거의 손도 못 대고 맨밥에 소금을 얹어 입에 넣었다. 그런데 앞에 있는 중국 사람들은 식탁의 채소와 생선을 잘도 먹었다. (한국에서 한참을 살고 나서야 그때 중국 사람들이 잘 먹던 채소가 김치였다는 것을 알았음.)

'어떻게 저렇게 잘 먹을 수 있을까? 난 한국 음식을 이렇게 못 먹는데 어떻게 한국에서 살아가지?'

훈련센터에서 사흘간 머물렀다. 3일째 되던 날, 내가 일할 회사에서 나를 데려갈 직원이 왔다. 나는 차에 올라 말없이 앉았다. 그 직원도 차에 올라 시동을 걸었지만 차는 움직일 생각을 안 했다. 눈이 너무 많이 와서 바퀴가 눈에 파묻혔기 때문이다. 그날은 눈이 거의 무릎에까지 쌓여 있었다. 이 직원은 밖으로 나가서 바퀴를 덮고 있는 눈을 치웠다. 나도 뭐라도 해야 할 것 같았지만 눈도 처음 보고 눈에 파묻힌 바퀴를 빼내는 것도 처음 보는 터라 뭘 해야 할지 모르고 한국말도 몰라서 그냥 차 안에 있었다. 눈을 치우고 바퀴가 드러나자 차가 다시 움직였다.

공장까지 가는 내내 창밖의 경치를 내다보았다. 눈에 덮여서 온 세상이 새하얗게 변했다. 처음 보는 광경이었다. 날씨는 정말 추웠지만, 신께서 만드신 세상이 얼마나 아름다운가 하고 잠시 넋을 놓고 내다 보았다.

한참을 달려 공장에 도착했다. 이곳이 상도동이라는 것은 나중에야 알았다. 공장에 도착해서는 이미 일하고 있는 직원들과의 상견례로 여기저기 다니며 인사를 했다. 이미 와서 일하고 있는 외국인도 꽤 많았다. 인도네시아 사람만 해도 여자가 8명, 남자가 5명 있었고, 필리핀과 스리랑카에서 온 사람도 있었다. 그리고 중년의 한국 여성도 많았다. 인사를 마친 후, 공장 근처에 있는 숙소를 안내받았다. 그리고 나서야 짐을 풀고 잠시 쉴 수 있었다. 바로 다음 날부터 일을 시작할 것이라고 생각했다.

그날 밤, 가족 생각이 너무 나서 참기가 어려웠다. 보고 싶은 마음이 차올라 거의 죽을 지경이었다. 밤새 울었더니 눈이 퉁퉁 부었다. 한숨도 자지 못했다. 가족과 떨어져 지내며 이곳에서 일한다는 것에 도무지 자신이 없었다.

'아침이 되자마자 책임자에게 말해야지. 여기서 일을 할 수 없다고. 집에 가겠다고.'

동료들이 모두 나를 달래며 이런저런 얘기를 해 주었다. 그래도 기분이 전혀 나아지지 않았다. 마음이 너무 아프고 우울했다. 지독한 향수병이 시작된 것이다.

다음 날 아침에는 너무 울어서 눈이 부은 채로 일을 하러 갔다. 처음에는 별다른 일 없이 바닥에 앉아서 실을 자르는 일만 하면 되었다. 하지만 바닥에 앉는 것부터가 곤욕이었다. 롬복에서 당한 오토바이 사고 때문에 아직 무릎이 아파서 굽히기가 어려웠지만 어떻게든 참아 보려 했다. 공장에선 하루 8시간만 일하면 되었고 따로 야근은 없었다.

삼 일째 되던 날 나는 작업라인에 배치되었다. 거기에는 한국인 아주머니들이 많이 일하고 있었다. 그곳 책임자를 다들 '언니'라고 불렀다.

"앞으로 같이 일할 사람입니다."

이렇게 날 소개해 주자 모두 나에게 인사를 했다. 너도나도 한마디씩 했지만 모두 한국말이라 하나도 알아듣지 못했다. 나는 배운 대로 서툴게 "안녕하세요!"라는 말만 했다. 하루하루 시간이 지남에 따라 회사와 숙소가 눈에 익으면서 적응이 되었다. 여전히 마음을 잡지 못했지만 그래도 매일 작업에 집중하려고 노력했다. 낮에는 이렇게 할 일이라도 있지만 저녁이 되어 숙소에 돌아가면 밤마다 울었다.

'언제 가족을 다시 볼 수 있을까?'

어머니를 위한 기도

며칠이 지난 후, 롬복에 계시는 어머니가 아프시다는 소식을 들었다. 심장에 갑자기 문제가 생기셨다는 것이다. 상태가 좋지 않아서 거의 돌아가실 뻔했다고 했다. 내 걱정과 스트레스는 극에 달했다.

'어머니를 더는 보지 못할 수도 있어. 그런데 난 지금 어머니에게 갈 수가 없어.'

그 상황을 도저히 견뎌낼 수가 없어서 큰 소리로 울었다.

'돈도 일도 아무것도 필요 없어. 가족에게 돌아가서 어머니 곁에 있고 싶어. 하지만 지금 내 힘으로 무엇을 할 수 있단 말인가?'

내가 할 수 있는 것은 단지 어머니를 위해 기도하는 것이었다.

'신이시여, 어머니를 지금 데려가지 말아 주세요. 어머니와 가족을 다시 만날 수 있게 해 주세요.'

나는 한국에서도 기도를 쉬지 않았다. 여행 중이거나 외국에 있을 때는 기도나 금식에 대해 좀 느슨한 규칙을 적용하기도 하지만 난 정석대로 했다. 어릴 때는 아버지에게 야단을 맞거나 매를 맞는 것이 두려워서 종교적 의무를 행하였다. 그리고 큰 후엔 신에 대한 두려움 때문에 자발적으로 정해진 모든 의무를 행했다. 같은 공장에 일하는 인도네시아 친구 중에 이슬람에서 정한 의무를 행하는 사람은 세 명밖에 없었다. 나머지는 다 명목상 무슬림, 주민등록(KTP) 상 이슬람일 뿐이었다. 이슬람에서 기도는 정해진 시간에 정해진 규례에 따라 행하는 솔랏(solat)과 솔랏 이후에나 아니면 정해지지 않은 시간에 자유롭게 말하며 하는 두아(dua)로 나뉜다.

어머니를 위한 기도는 '두아'에 속한다. 평소에 기도하는 습관이 있었던 덕분에 일로 바쁜 가운데에서도 하루에 다섯 번 이상은 어머니를 위해 기도할 수 있었다. 그렇게 몇 날을 기도하고 나니 어머니가 좀 나아졌다는 소식을 들었다. 많이는 아니지만 조금은 안심이 되었다.

일도 조금씩 손에 익어갔다. 같이 일하는 한국 아주머니들은 다들 나에게 잘해주셨다. 일하는 방법도 알려주었고 이것저것 말도 걸었다. 물론 처음에는 한국말을 몰라 무슨 뜻인지 몰랐지만 말이다. 그래도 자꾸 들으니 점점 귀에 익고 무슨 말인지도 알 것 같았다. 숙소에 돌아가면 매일 TV를 보았다. 특히 드라마에서 극 중 등장인물들이 말하는 것을 들으면서 그들이 어떤 상황에서 무슨 말을 하는지 배워갔다. 한국 드라마는 내게 한국말 공부를 위한 시청각교재였던 셈이다. 글자 읽는 법도 조금씩 터득했다. 밖에 나가서 간판을 볼 때마다 그냥 지나치지 않고 멈춰서서 글자와 뜻을 하나하나 새겨 보았다. 그러다 보니 이제 조금씩은 한글도 읽을 수 있게 되었다.

한 달 후, 30만 원 정도의 월급을 받았다. 잔업 없이 기본수당만 계산한 것이다. 식비로는 9만 원을 받았다. 회사에서는 따로 식사를 제공하지 않았고 월 9만 원으로 각자 알아서 식사를 해결해야 했다. 월 9만 원은 식비로 충분하지 않았다. 그래서 아무리 아껴 써도 식비가 모자라 월급에서 일부 충당해야 했다. 그렇게 필수 생활비를 쓰고 남은 돈은 한국에 올 때 중개비를 위해 사촌에게 빌린 돈을 갚기 위해 꾸준히 모았다. 그 사촌은 대구에서 일한다고 했다. 물론 대구가 어디에 있는지 당시에는 몰랐다. 알았다고 해도 사촌을 만날 생각을 하지도 못했을 것이다. 나는 서울 동작구 상도동 숭실대입구역 인근 공장에서 일하고 있었고 지리도 모르고 돈도 없었기 때문이다.

같은 회사에 있는 인도네시아 친구들과도 점점 친해졌다. 그중에는 롬복에서 온 친구도 있었다. 서로 이야기를 하고 어느 정도 속마음도 털어놓을 수 있는 친구가 생긴 것만 같아서 좋았다. 이 친구는 나에게 음식을 만들어 주기도 했다. 거창한 요리는 아니었다. 그래도 한국에 온 지 얼마 안 되어서 어떤 재료로 어떤 음식을 만들어 먹어야 할지 잘 모를 때였기에 그 소박한 음식들이 고마웠다. 시간이 지나서 음식을 계속 만들어 먹으면서 나도 구할 수 있는 재료로 요리를 하는 데 익숙해졌다.

여자 숙소에는 인도네시아 사람이 8명, 필리핀 사람이 3명 있었다. 좁은 공간에 여러 명이 부대끼며 같이 생활하고 일하다 보니 짧은 시간에도 모두와 가까워질 수밖에 없었다. 물론 가까워지는 만큼 다툼도 많이 일어나고 맞지 않는 부분도 있었다. 그래도 나는 평화를 위해 양보하고 굽히려고 노력할 때가 많았다. 많은 사람이 살다 보니 각자의 성격이 그대로 표출되었다. 부지런한 사람도 있고 게으른 사람도 있었다. 말을 잘 듣고 유순한 사람이 있는가 하면 자기주장이 강해 다른 사람 말은 안 듣는 사람도 있었다. 수다스럽거나 화를 잘 내는 사람도 있었다. 이렇게 다양한 사람이 있었지만 난 그저 하루하루 주어진 일을 해내고 다른 사람들에게 폐 끼치지 않고 문제를 일으키지 않고 살고자 했다.

숙소에는 몇 가지 당번제도가 있었다. 청소도 돌아가면서 했고 밤에 추우면 길 건너편에 있는 회사 건물에서 기름을 가져와 보일러를 돌리는 당번도 있었다. 게으른 친구들은 기름을 가져오는 것을 귀찮아했다. 우리 숙소는 4층에 있어서 무거운 기름을 들고 계단을 오르는 것이 힘들었다.

아침마다는 가스레인지 쟁탈전이 벌어졌다. 숙소에는 열한 명이 사는데 가스레인지는 하나밖에 없었다. 음식은 각자 자기 먹을 걸 만드니 아침을 만들려고 하면 레인지를 확보해야 했다. 운이 좋게도 내겐 큰 문제가 되지 않았다. 내가 아침에 가장 일찍 일어났기 때문이다. 아침기도를 하기 위해 4시 30분에 일어나는데 그 시간에 일어나는 사람은 아무도 없었다. 그래서 기도를 마친 후 여유 있게 아침 준비를 할 수 있었다. 레인지를 차지하려고 아침에 일찍 일어나 기도를 한 것은 아니지만 기도를 빼먹지 않는 유익 가운데 하나는 여유 있게 아침을 준비할 수 있다는 것이었다. 세탁기도 하나뿐이라 순서를 기다리거나 다른 사람들이 빨래하지 않는 밤에 세탁기를 돌렸다. 숙소 생활이라는 것이 대충 이러했다.

구별된 삶을 살다

한국에 온 지 두 달 정도가 지나니 여유가 생겼다. 다른 회사, 다른 지역에 있는 인도네시아 친구들과 연락을 하며 시간을 보내게 되었다. 한국에 오기 전 자카르타에 잠시 있을 때 알던 친구가 있었는데 서로 연락이 닿아 그 친구가 내가 지내는 곳으로 찾아온 일이 있었다. 부천에서 일하고 있던 그 친구는 안산으로 나를 데리고 갔다. 안산에는 내가 일하던 상도동과는 달리 공장이 많아서 인도네시아에서 일하러 온 사람도 많았고 아예 내 고향인 롬복 출신 사람들이 자주 모이는 모임도 있었다. 롬복 친구들은 매주 일요일이나 공휴일, 그 외에도 일이 없을 때마다 항상 모였다. 대구에서 일하고 있다는 사촌도 거의 매주 안산으로 놀러 왔다.

합법적인 근로자 신분으로 일하고 있는 나와는 달리 안산에 모이는 친구들은 대부분 불법체류 근로자 신분이었다. 한국에 올 때는 합법적으로 왔지만, 이후 지정된 작업장을 이탈한 경우이다. 삶은 정돈되지 않고 무절제할 때가 많았다. 술을 많이 마시기도 하고 노래방에서 많은 시간을 보내기도 했다. 비싼 식당에 가서 돈을 쓰기도 했다. 이 친구들은 한국에서 일하면서 힘들게 모은 돈을 그저 현재의 즐거움을 위해 다 써 버렸다. 그러다 보니 고향에 있는 가족에게 보낼 돈도 없었다. 무엇보다 나를 슬프게 한 것은 모두 150명이나 되는 롬복 출신 중 한 사람도 기도나 금식 같은 종교적 의무를 실천하는 사람이 없다는 사실이었다. 내가 보기에 이 사람들은 다들 신을 잊어버리고 부모님의 가르침을 저버린 사람들 같았다. 나하고는 맞지 않는 것 같았다. 이 친구들과 어울려 지내다가 나 자신도 물들고 싶지 않았다. 그래서 어느 순간부터 발길을 끊었다. 전화 통화는 했지만, 초과근무가 있다고 둘러대고는 가지 않았다. 거짓말이었지만 어쩔 수 없었다.

이 모임에서는 소주나 다른 독한 술을 취할 때까지 진탕 마시기도 했다. 이슬람에서는 알코올 섭취를 엄격히 금한다. 그런데도 아랑곳하지 않고 술을 마셔대는 이들을 이해하기 힘들었다. 내가 한국에 온 것은 일하고 돈을 벌기 위해서였다. 좋지 않은 사람들과 어울려서는 결코 성공하지 못할 것 같았다. 이 사람들처럼 되고 싶지 않았다. 한국에서 5년, 6년 심지어 10년을 일하고도 돈도 모으지 못하고 가족에게 송금도 못 하고 고향에 집도 못 짓고 땅도 못사는 한심한 사람이 되기는 싫었다.

이 친구들은 항상 나를 부추겼다. 지금 작업장을 이탈해서 돈을 더 많이 주는 곳을 찾아가라는 것이다. 그럼 난 불법체류 근로자가 된다. 친구들은 왜 휴일도 없이 일을 시키는 곳에 계속 머물러 있느냐고 말했다. 내가 모임에 가기 싫어서 계속 초과근무가 있다고 둘러댔기 때문에 친구들은 우리 회사가 휴일에도 계속 일을 시키는 줄 알았다. 물론 지금 회사에서 계속 근무하면 급여가 너무 적어서 돈을 모으기 어렵겠다는 생각이 들긴 했다. 하지만 불법 체류자가 되어서 붙잡히면 어쩌나 하는 두려움 속에 하루하루를 살긴 싫었다. 이민국에 적발되어 강제송환 되면 필시 부모님이 매우 낙심하시고 부끄러워하실 것이 틀림없었다. 월급이 적지만 지금 회사에서 견뎌보는 것이 더 나을 것 같았다.

나는 3개월 정도 받은 월급을 모아서 고향에 있는 부모님께 송금했다. 부모님은 그 돈으로 한국에 오기 위한 중개료를 내기 위해 사촌에게 빌린 돈을 갚으셨다. 대구에서 일하는 사촌이 자기에게 돈을 주지 말고 고향에 있는 모친에게 갚아달라고 했기 때문이다.

내가 처음으로 송금한 돈을 받고 고향에 계신 부모님은 울음을 터뜨리셨다고 한다. 딸이 돈을 보낼 수 있게 된 것은 감사하지만 그 돈을 벌기 위해 멀리서 힘들게 일을 해야 한다는 것을 생각하면 마음이 복잡하셨을 것이다. 하지만 난 부모님을 도울 수 있어서 행복했다. 부모님이 행복할 수 있으면 그걸로 족했다. 부모님의 행복이 나의 행복이다. 가족이야말로 내가 한국에서 힘들고 어려웠던 삶을 버틸 수 있었던 힘이고 이유였다.

　외지에서의 삶은 외로웠다. 쉽게 적응이 되지 않았다. 휴일
이면 난 혼자 남았다. 다른 동료들은 다 자기 친구들하고 나갔
지만 난 숙소에서 혼자였다. 내가 선택한 것이긴 하지만 외롭
기도 했다. 가끔은 혼자 근처에 있는 숭실대학교 교정에 가서
걸었다. 그렇게 조금이라도 무료함을 떨쳐보려 하였다. 운동장
이나 벤치에 앉아서 하늘을 쳐다보며 하고 나직이 중얼거리기
도 하였다.

　"신이시여, 인생은 참 쉽지 않네요."

　몇 개월간의 생활 속에서 이렇다 할 큰 변화는 없었다. 일은
점점 손에 익어갔다. 봉제 일도 꽤 빠르고 정확하게 할 수 있게
되었다. 한국 사람들은 항상 빨리 일할 것을 강조했다. "빨리빨
리"를 입에 달고 살았다. 난 부지런히 일했고 관리자들의 기대
에 부응할 정도로 성과가 좋았다. 그래서 때로는 이사님이 직
접 나에게 작업을 지시하기도 했다. 난 한 번도 "못해요."라는
말을 한 적이 없다. 나에게 맡긴 일은 다 해내려고 항상 노력했
다. 할 마음만 있으면 못 할 것이 없고 반드시 해낼 수 있다고
마음먹었다. 그래서 관리자인 언니는 나를 전적으로 믿었다.
이 언니는 내가 해 놓은 일이라면 당연히 잘 되어 있으리라 생
각했다.

　같이 일하는 한국 사람들과도 친하게 지내게 되면서 종종
음식을 해서 회사에 가져갈 때도 있었다. 인도네시아 음식 중

튀긴 두부에 채소와 닭고기 등을 다져서 채운 '따후 이시'(tahu isi) 같은 건 한국 사람 입맛에도 잘 맞았다. 따후 이시는 속을 채운 두부라는 뜻이다. 이걸 해서 나눠주면 한국 아주머니와 언니들도 모두 좋아했다. 더 해 달라는 부탁을 받은 적도 있다. 한국 사람들과 친해지는 데 있어 이 '따후 이시'도 한 역할을 했다. 가까운 곳에 사는 아주머니들이 자기 집에 와서 '따후 이시' 만드는 법을 가르쳐 달라고 한 적도 있다. 모든 한국인 직원이 나에게 친절하게 잘 대해 주었다. 내가 사정이 있어 일을 빠질 때면 관리자 언니가 결근을 기록하고 급여를 깎아야 하는데 그렇게 하지 않았다. 그러다 보니 다른 친구들이 불공평하다고 불평한 적이 있을 정도였다.

소중한 만남

나와 같이 일하는 분 중에는 기독교인 한 분이 있었다. 이분은 날 너무 좋아하고 아껴 주었다. 매일같이 나에게 야쿠르트를 주었고 휴일에는 다른 사람 모르게 조용히 용돈을 찔러주기도 했다. 나를 얼마나 아꼈는지 나는 이분을 한국 엄마처럼 여겼다. 실제로 '어머니'라고 불렀다. '어머니'는 모두에게 좋은 분이긴 했지만 유독 나에게 친절했다. 오래되지 않아 다른 사람들도 '어머니'가 나에게만 더 잘해준다는 것을 알게 되었다. 다들 이분을 '바이끄의 어머니'라고 불렀다. 나는 어쩌면 이분이 기독교인이고 하나님을 알기 때문에 이렇게 좋은 사람일지도 모른다고 생각했다.

한국에 여러 달 있으면서 좋은 분들도 만나고 잘 지내고 적응도 했지만 그래도 난 여전히 힘들었다. 작업장에서는 그래도 나았다. 바쁘게 할 일이 있으면 잡념을 떨칠 수 있었다. 또, 아주머니들하고 이야기를 나누며 한국말을 익혀갈 수도 있었다. 이분들도 내가 이것저것 물어보면 재미있어하며 잘 대답해 주었다. 문제는 숙소에 있을 때였다. 너무 무료했다. 물론 같이 사는 동료들이 많았지만, 동료들은 일이 없을 때면 거의 숙소에 붙어있지 않고 각자 친구들과 나가서 시간을 보냈다. 밖에 잘 나가지 않는 나는 경비 아저씨하고 얘기를 나눌 때가 많았다. 아저씨는 우리 아버지와 비슷한 연배였다. 하지만 가족은 없이 혼자라고 했다. 불쌍한 마음이 들었다. 아저씨는 좋은 사람이었고 나에게 도움도 주었다.

그러던 어느 날 같이 살던 필리핀 동료가 나에게 이렇게 말했다.

"바이끄, 우리 회사에 스리랑카에서 온 남자가 하나 있는데 너하고 친하게 지내고 싶어 해. 그 사람은 기독교인이고 이름은 앤튼이야."

앤튼은 나도 아는 사람이었다. 그렇게 크지 않은 공장에서 일하니 다른 부서에서 일하더라도 오다가다 마주치며 대강 알게 된 사람이다.

"아, 그 사람? 본 적 있어."

앤튼이라는 이름의 스리랑카 사람은 만나면 항상 나에게 먼저 인사를 했다. 그럴 때면 난 대개 그냥 그런가 보다 하고 지나갔다. 크게 관심이 없었다. 앤튼은 항상 '마마 아드레이 끼야'라고 인사를 했다. 스리랑카 말인 것 같았는데 당연히 무슨 뜻인지 알 수가 없었다.

나중에 친구로부터 얘기를 듣고 나서야 이 말이 '사랑해'라는 뜻인 걸 알게 되었다. 기분이 좋을 리가 없었다. 화가 났다. 놀림을 받은 느낌이었다. 앤튼이라는 이 스리랑카 남자하고는 얘기도 하고 싶지 않았다. 난 남자하고는 친구로 지낼 마음이 없었다. 게다가 앤튼은 기독교인이었다. 난 기독교인에 대한 반감이 있었다. 같이 지내다가 나도 모르게 기독교 사상에 물들거나 잘못된 생각을 가지게 될까 하는 두려움도 있었다. 나에게 기독교 신앙은 잘못되고 어긋난 믿음, 길을 잃어버린 믿음, 그 이상도 이하도 아니었다.

하지만 나에게 앤튼에 대해 얘기해 준 친구는 앤튼이 비록 나를 놀리는 듯이 얘기를 하긴 했지만 좋은 사람이라고 얘기했다. 앤튼은 다른 마음이 없고 나와 친구가 되고 싶을 뿐이라고 했다. 그리고 어차피 나도 혼자이고 외롭고 하니 친하게 지내는 좋은 친구가 있으면 객지 생활이 좀 더 낫지 않겠느냐고 나를 설득했다. 사귀는 것도 아닌데 뭐 어떠냐는 것이었다. 어쩌면 그 말이 맞을 수도 있겠다는 생각이 들었다. 또, 기독교인과 친구로 지내면서 이슬람에 대해 잘 얘기해 줘서 그 친구가 이슬람을 받아들이면 천국에서 상이 있을지도 모른다는 생각도 들었다. 누가 알겠는가?

그렇게 나는 앤튼과 친구가 되었다. 이런 마음으로 앤튼과 친구로 지내기 시작했으니 난 만날 때마다 이슬람에 대해서, 그리고 우리 종교의 경전인 꾸란에 관해 이야기했다. 앤튼은 잘 듣고 나서는 설득이 되기는커녕 오히려 예수와 기독교 신앙에 관해 설명했다. 기독교에 대한 설명을 들으면 기분이 나빠졌다.

내가 이슬람에 관해 설명하여 앤튼을 설득하려고 했는데 오히려 앤튼이 기독교에 대해 하는 얘기를 들어야 한다니. 하지만 난 포기하지 않았다. 항상 토론할 때마다 거기에 딱 맞는 꾸란 구절 몇 구절을 들어 사용하며 논쟁에서 이기려 하였다. 내가 꾸란을 많이 알고 있는 것은 아니지만 제대로 교육받은 무슬림이라면 기독교인과 변증할 때 사용할 수 있는 꾸란 구절 몇 개 정도는 알고 있다. 하지만 앤튼은 준비가 되어 있었다. 앤튼과 얘기할 때마다 항상 내가 밀렸다.

앤튼과 신앙에 관해 얘기할 때면 내 뜻대로 되지 않아 답답했지만 그걸 빼면 앤튼을 소개해 준 친구의 말처럼 앤튼은 좋은 사람이었다. 시간이 지나면서 점점 더 확실해졌다. 그러다 보니 그에 대해 좋은 감정이 생기기 시작하였다. 그럴수록 더더욱 앤튼이 무슬림이 되었으면 좋겠고 내가 그렇게 되도록 도와주었으면 좋겠다는 생각이 강해졌다. 하지만 논쟁에서는 내가 이겨본 적이 없었다. 답답하고 억울해서 난 항상 울었다. 왜 내 마음을 몰라주는 걸까? 내가 하는 말이 진짜인데 왜 그걸 모르는 걸까? 그래서 어느 날인가는 이렇게 묻기도 하였다.

"앤튼, 너 정말 나 좋아해? 나 좋아하는 거 맞아? 나를 정말 좋아하면 내가 믿는 이슬람을 받아들여야 해"

그러나 앤튼은 이렇게 답했다.

"나는 다른 누구보다도 주 예수, 하나님을 사랑해"

이 말을 듣고 나니 기독교가 더 싫어졌다. 그러니까 그에게는 나보다 신앙이 더 중요하다는 것이었다. 앤튼과 다투고 그에게 화를 내는 일도 많아졌다. 내 말을 듣지 않는 앤튼을 옆에서 보고 있는 것도 괴로웠다. 그래서 그럴 바에는 차라리 작업장을 이탈해서 다른 데 가서 일하고 내 눈에 띄지 말라고까지 얘기했다.

그렇게 앤튼을 퉁명스럽게 대하고 그에게 부정적인 감정을 쏟아 놓을수록 앤튼은 오래 참고 부드럽고 온유하게 나를 대했다. 앤튼이 나를 좋아하고 아낀다는 것을 알 수 있었다. 내가 앤튼에게 멀리 떨어지라고 하면 오히려 더 가까이 다가왔다. 심지어는 교회에 같이 가보자고 권하기도 했다. 교회에 가다니 그건 말도 안 되는 일이었다.

내가 교회에 가지 않는 건 너무 당연한 일이었다. 그런데 앤튼이 교회에 가는 것이 나는 싫었다. 그래서 일요일마다 앤튼에게 친구를 만나러 같이 가자고 하거나 마트에 함께 가자고 했다. 하지만 앤튼은 항상 교회에 가야 한다며 안 된다고 했다. 내가 가자고 하는 곳들은 오후에 같이 가면 된다고 했다. 오전에는 교회에 가야 한다면서 자기와 일요일에 쭉 함께 있고 싶으면 함께 교회에 가자는 말도 잊지 않았다. 교회에 가면 비슷한 또래의 젊은 한국 사람들도 많다고 했다. 나는 항상 한국말로 "시로(싫어)"라고 대답했다.

기도하는 사람들

앤튼은 또 자기가 인도네시아말을 하는 한국 친구가 있다고도 이야기했다. 그 친구는 이름이 '미스터 양'이라고 하고 나이는 앤튼과 나와 거의 비슷했다. 다른 한국 사람처럼 성인 '양' 다음에 이름이 있지만 다들 그냥 '미스터 양'이라고 불렀다. 미스터 양은 우리가 일하는 공장 바로 옆에 있는 교회에 자주 온다고 했다. 인도네시아 친구들로부터도 미스터 양에 대한 이야기를 들은 적이 있어서 그가 누구이고 어떤 사람인지 궁금하기도 했다.

앤튼이 또 말하길 미스터 양과 친구들이 목요일 저녁마다 교회 건물에 와서 무슨 모임(청년부 기도 모임)을 한다고 했다. 앤튼도 가끔씩 참석했다. 당연히 난 가 보려는 마음도 없었고 앤튼도 가지 못하게 했다. 앤튼이 교회에 가는 것이 싫었다.

그래도 앤튼은 계속 교회에 갔다. 난 그저 창문을 통해서 앤튼이 교회에 가는 걸 지켜볼 뿐이었다. 속은 부글부글 끓었다. 하필이면 숙소 창문이 교회 쪽을 향해 있어서 앤튼이 교회 쪽으로 걸어가고 교회 건물로 올라가는 것이 다 보였다.

점점 미스터 양에 대해서 알게 되었다. 그가 다니는 교회와 내가 일하는 공장, 그리고 숙소는 20~30m도 떨어져 있지 않았다. 미스터 양은 앤튼 뿐 아니라 다른 인도네시아, 스리랑카 친구들과도 친했다. 오다가다 마주칠 때도 많았다. 한 번은 나와 앤튼을 데리고 극장에 가서 함께 영화를 본 적도 있다. 그러다가 미스터 양의 여자친구인 미스 박과도 알게 되었다. 두 사람과 친해지고 시간을 보내게 되며 난 깜짝 놀랐다. 이 둘은 너무 좋은 사람이었다. 순수하고 사랑이 가득했다. 난 생각했다. '기독교인은 정녕 이런 것인가? 기독교의 가르침이 이런 것인가?'

내 머릿속은 물음표로 가득찼다. 생각해 보니 내가 '어머니'라고 불렀던 일터의 아주머니도 기독교인이었다. 앤튼도 기독교인이었다. 종교적인 문제로 나와 갈등이 있었지만, 앤튼은 항상 좋은 사람이었다. 마침내 나도 기독교에 대해 호기심을 가지게 되었다. 거기서는 어떻게 가르치고 사람들은 어떻게 기도하는지 알고 싶었다. 그전까지는 교회에 가본 적도 없고 기독교인들이 어떻게 종교의식을 치르는지 본 적이 없었다.

나는 기독교인들이 교회에서 어떻게 예배드리고 기도하는지 알고 싶어졌다. 그때 앤튼이 해 준 말이 생각났다. 앤튼은 목요일 저녁마다 회사 옆 교회에서 모임이 열린다고 했다. 그 모임에 가면 장소도 숙소와 가까우니 가기도 쉽고 낮과는 달리 많은 사람을 만날 필요도 없이 조용히 기독교인의 모임을 지켜 볼 수 있을 것 같았다.

어느 목요일 밤, 난 어둠 속에 조용히 교회로 향했다. 교회 로비는 깜깜했으나 같은 층 어느 방에서 불빛이 새어 나오고 사람들의 소리가 들렸다. 미스터 양과 친구들이 모임을 하고 있었다. 기독교인들이 어떻게 기도하는지 엿보려고 난 가만 히 문 옆으로 가서 몸을 기대고 귀를 쫑긋하고 눈으로는 방 안 을 엿보았다. 마침 문에 작은 창문이 있어서 안을 들여다볼 수 있었다. 밖은 깜깜해서 안에서는 밖에 있는 나를 잘 볼 수 없었 다. 안에서는 젊은 사람들이 기타를 치며 노래를 하고 있었다. 손뼉을 치고, 또 눈을 감고 중얼거리며 기도를 하기도 했다.

'이런, 저렇게 기도를 한다고? 기타를 치고 노래를 하면서? 손뼉까지 치면서?'

너무도 생소한 광경이었다. 내가 아는 기도와는 아주 달랐 다. 도대체 무슨 노래를 하는 거지? 계속 이런저런 생각을 했 다. 이슬람에서는 저렇게 기도하지 않는다. 호기심 때문에 난 자주 이렇게 목요일 저녁 모임을 훔쳐보았다. 하지만 밖은 깜 깜하고 사람들이 나오기 전에 서둘러 자리를 피했기 때문에 미 스터 양과 친구들이 알아차린 적은 한 번도 없다. (십 년이 훨 씬 지난 후, 미스터 양은 내가 캄캄한 교회 로비에서 목요모임을 종종 훔쳐보았다는 말에 머리털이 쭈뼛 섰다고 했다.)

볼 때마다 젊은이들이 기타를 치면서 노래하고 소리를 내어 기도하는 광경은 낯설었다. 하지만 왜인지 그 방에서 나오는 노래를 들으면 마음이 평화로워졌다. 물론 그때는 찬양에 대해 몰랐다. 마음이 이끌리면서 나도 점점 앤튼을 이해하게 되었다. 싸움도 줄어들었다. 앤튼이 교회에 갈 때도 뭐라고 하지 않았다. 다만, 여전히 나는 내 신앙인 이슬람만은 지키겠다고 생각했다. 나는 절대 변하지 않을 거라는 확신도 있었다.

한국노래 대회

한국에 온 지 1년 반 정도가 지난 2002년 중순, 한국은 월드컵 경기로 뜨거웠다. 이 무렵 단조로운 일상에 지쳐있던 우리에게도 흥미로운 소식이 들려왔다. KBS에서 한국 내 인도네시아 근로자들을 대상으로 한국노래를 부르는 대회를 연다는 것이었다. (아마도 KBS 월드나 KBS 내에 있는 인도네시아 파트에서 개최한 대회일 것으로 보임) 관심이 있는 사람은 카세트 테이프에 노래를 녹음해서 보내면 예심절차를 걸쳐 본선 참가자를 통보해 준다고 했다. 시간은 딱 2주가 주어졌다.

노래대회에 참가하는 건 재미있을 것 같았다. 아직 한글이 서툴러서 한국어 가사를 읽고 이해하고 거기에 감정을 담아 부르는 게 쉽지 않았지만 배워서 하면 될 것 같았다. 곧바로 그 당시 인기 가수 왁스의 노래 CD를 샀다. 나는 매일 CD를 플레이

어에 담아서 일터로 갔다. 일터에서 바느질하면서도 계속 이어
폰을 꽂고 노래를 들었다. 다행히도 책임자 언니는 내가 일하
면서 노래를 듣는 것에 대해 별말이 없었다. 노래를 계속 들으
니 '사랑하고 싶어' 그리고 '화장을 고치고' 두 곡의 노래가 귀에
들어왔다. 계속 두 노래를 반복해서 듣고 집에 가서는 가사를
읽었다. 며칠간 그렇게 하니 한글을 읽는 실력도 더 좋아진 것
같았다. 계속된 연습으로 가사는 거의 다 외웠다. 부르는 데도
문제가 없었다. 시간 나는 대로 노래방에 가서 연습도 하고 이
정도면 되었다 싶을 때 노래방 사장님에게 부탁해 내가 노래
부르는 것을 카세트테이프에 녹음해 달라고 했다.

　카세트테이프를 제출하고 얼마 지나지 않아 나는 예심을 통
과했다는 연락을 받았다. 방송국에서는 제출한 두 곡 중에 '화
장을 고치고'를 부르라고 했다. 노래야 외워서 부르는 데 문제
가 없었지만, 가사의 뜻은 정확히 알지 못했다. 혹시 본선에서
가사가 무슨 뜻인지 아느냐고 물어볼지도 모른다는 생각이 들
었다. 미스터 양이 떠올랐다. 전화를 걸어 노래가 무슨 뜻인지
도와줄 수 있는지 부탁했다. 그는 항상 그랬던 대로 기꺼이 도
와주겠다고 했다. 미스터 양은 시간을 내어 숙소로 와서는 가
사가 무슨 뜻인지 앞 구절부터 끝까지 모두 알려주었다.

　대회 날이 다가왔다. 관리자 언니는 행사 때 입으라고 옷을
주고 금목걸이도 빌려주었다. 지하철을 타고 KBS로 향했다.
여러 지역에서 참가자도 많이 오고 초대 가수도 오고 흥거운

분위기가 넘쳤다. 연습을 많이 했지만, 막상 현장 분위기를 접하니 긴장이 많이 되었다. 뭘 어찌해야 할지 몰랐다. 반주에 맞춰서 많은 사람이 보고 있는데 무대에서 노래를 불러본 적은 그때가 처음이었다. 순서도 두 번째여서 마음을 가다듬을 시간도 부족했다. 저절로 기도가 나왔다.

'도와주세요. 저에게 힘을 주세요.'

신을 기억하며 두려움과 불안함을 떨쳐버리려 애썼다. 기도 덕분이었는지 막상 무대에 올라 노래를 부르기 시작하니 연습한 대로 꽤 잘 부를 수 있었다.

결과는 3등 상이었다. 대상은 아니었지만, 그것으로도 매우 기뻤다. 감사한 마음이었다. 별거 아닐 수 있지만 한국에서 무엇인가를 이룬 셈이었다. 부모님이 기뻐하실 거라는 생각 때문에 나도 기뻤다. 3등 상으로는 트로피와 상금 15만 원을 받았다. 상금으로 음료수를 사서 공장 동료들에게 입상 턱을 내고 나니 다 없어졌다. 동료와 친구들도 모두 기뻐해 주었다. 나도 기뻤다. 힘든 외지 생활 속에서 맛보는 작은 기쁨이었다.

롬복에서 찾던 하나님, 서울에서 만나다.

매주 일요일이 되면 항상 앤튼은 나에게 교회에 같이 가고 권했다. 그때마다 난 가지 않겠다고 했다. 하지만 어느 날인가는 성화에 떠밀려 앤튼이 당시 출석하던 교회에 따라가 보았다. 억지로는 아니었다. 이미 마음이 많이 누그러지기도 했고 호기심도 있었다. 못 이기는 척하고 교회 앞까지는 갔지만 막상 교회 입구를 넘어 들어가려고 하니 주저하게 되었다. 두려운 마음이 머릿속을 가득 채웠다. 내가 믿는 신을 배신하는 것 같아서 죄책감이 들었다. 우리를 보자 이미 앤튼과 알고 지내는 것으로 보이는 교회 친구들이 반갑게 우릴 맞아주었다. 어서 들어오라는 환영 속에 어쩔 수 없이 교회 문턱을 넘었다.

교회 친구들은 내 옆에 앉았다. 찬양 시간에 난 그저 멍하니 사람들이 노래하고 기도하는 것을 지켜보았다. 교회 예배 한가운데 그렇게 앉아 있는 나 자신을 확인하면서 내가 정말 죄를 짓고 있다는 느낌이 들었다. 목사가 설교할 때는 더더욱 마음이 불안했다. 난 옆에 있는 종이를 아무것이나 가져다가 거기에 내가 교회에서 느끼고 있는 바를 적어 내려갔다.

'오, 신이시여. 저를 용서해 주세요. 교회에 발을 들이고야 말았어요.'

그전에도 공장 옆에 있는 교회를 드나든 적이 있었다. 그러나 이렇게 예배에 참석했다는 것은 완전히 다른 문제였다. 앉아 있는 내내 복잡다단한 심정이었다. 일단 기독교 예배에 대해 아무것도 알지 못하고 한국말도 모르니 지루했다. 또 이유를 알 수 없는 화가 치밀어 올랐다. 하지만 억지로 끌려온 것도 아니고 내가 따라나선 것인데 누구를 원망할 수도 없었다. 권유를 뿌리치지 못하고 여기까지 온 것에 대해 심하게 자책했다. 고민이 깊어지다 보니 아무 생각 없이 그 자리에서 일어나

문밖으로 뛰쳐나가고 싶었다. 하지만 옆에 앉아 있던 한국 친구가 내 마음을 어떻게 알았는지 내 손을 가만히 잡고 곧 끝날 테니 조금만 참자고 말했다. 난 그냥 가만히 있을 수밖에 없었다.

예배순서가 끝나니 같이 밥을 먹으러 가자고 했다. 식사를 다 마치자 인숙이라고 하는 친구가 성경책을 건넸다. 나는 거절했다. 교회에 와서 기독교 예배에 참석한 것만 해도 충분히 마음이 심란했다. 무슬림으로서 이미 죄를 지은 것으로 생각했다. 그런데 이제 성경까지 받아서 들고 가라니? 그 친구는 인도네시아어로 된 번역된 성경이라 나도 읽을 수 있다며 가져가라고 거듭 권했다. 계속 거절하기도 뭐해서 어쩔 수 없이 성경을 받았다. 마음이 영 편치 않았다.

'이 성경을 읽을까? 읽지 말까?'

무슬림으로서의 정체성을 생각하면 물어볼 필요도 없다. 계속 주는 성의를 생각해서 받긴 하지만 가져가서 어디 던져 놓고 읽지 않으면 된다. 그런데 호기심을 누를 수가 없었다. 전에 롬복에서부터 품었던 호기심이다. 성경에 뭐라고 쓰여 있는지 알고 싶어 견딜 수가 없었다. 호기심이 죄책감을 이겼다. 용기가 필요했지만 결국 성경을 펼쳐 보게 되었다.

어디서부터 읽어야 할지 몰라서 맨 뒷장을 열었다. 펼쳐진 페이지에서 어느 한 구절에 내 눈이 머물렀다. 지금도 생생하게 기억하는 그 구절은 바로 요한계시록 22장 12절과 13절이었다.

"보라 내가 속히 오리니 내가 줄 상이 내게 있어 각 사람에게 그가 행한대로 갚아 주리라. 나는 알파와 오메가요 처음과 마지막이요 시작과 마침이라." 계 22:12-13, 개역개정

내 가슴이 쿵쾅대기 시작했다. 두려운 마음이 들었다. 몸까지 떨렸다. 나는 서둘러 성경을 덮었다. 종말에 관한 내용도 두려웠고 왠지 이 성경 구절을 읽으니 내 신앙이 변할 것 같다는 생각도 두려웠다. 성경을 읽으면 내가 영향을 받을 것 같았다. 나는 내 신앙과 믿음, 이슬람을 떠나고 싶지 않았다. 집에 도착해서는 성경을 옷장 깊숙한 곳에 넣어 두었다. 하지만 밤이 되자 또 갈등이 시작되었다. 강한 호기심이 다시 찾아왔다. 성경에 쓰인 것들이 사실일까? 성경을 또 읽고 싶었다. 잠을 이룰수 없었다. 결국 이 충동을 이기지 못하고 한밤중에 일어나서 성경을 들고 밖에 나갔다. 계단으로 나가서 몰래 성경을 읽었다. 내가 성경을 읽는 것을 다른 친구들이 보게 될까 봐 두려워서였다.

성경책을 읽을 때는 앞에서부터 차례로 읽지 않고 특별한 순서 없이 읽었다. 어떨 때는 앞부분을 펼쳐서 창세기를 읽을 때도 있었고 어떨 때는 중간 부분을 어떨 때는 끝부분을 찾아 읽었다. 성경에서 예수와 관련된 구절을 찾아 읽고 싶었다. 성경에 구약과 신약이 있다는 것도 알지 못할 때였다. 한참을 읽

다 보니 신약 부분에 예수와 관련한 구절이 있다는 것을 알게
되었다. 그중에서도 가장 마음에 와닿았던 구절은 요한복음 14
장 6절이다. 이 구절이 내 믿음에 결정적인 영향을 미쳤던 것
같다.

"예수께서 이르시되 내가 곧 길이요 진리요 생명이니 나로
말미암지 않고는 아버지께로 올 자가 없느니라." 요 14:6, 개역개정

이 구절을 읽은 후로 나의 고민은 깊어졌고 마음은 매우 혼
란스러웠다. 성경을 펴서 예수에 대한 구절을 읽으면서 내 마
음속에는 믿음이 자리를 잡은 것 같다. 그 시점이 언제인지는
확실하지 않다. 무슬림으로서 어릴 때부터 찾던 하나님을 성경
을 읽으면서 만났다.

두 길 앞에서

성경을 읽는 대로 믿어졌다. 그러나 쉽지는 않았다. 내면에
서는 전쟁이 시작되었다.

'예수를 믿어야 하는가? 아니면 계속 이슬람에 머물러야 하
는가?'

성경의 내용이 믿어지면 그냥 믿으면 되지 왜 갈등을 겪는
지 궁금할 수도 있다. 하지만 평생 무슬림으로 살았고, 가족을
포함해서 내가 아는 사람은 다 무슬림인 나에게는 예수를 믿는

일이 그렇게 쉬운 일은 아니다. 내가 만약 예수를 믿겠노라 다짐하면 나는 나의 신앙이었던 이슬람을 떠나는 것이 된다. 이슬람을 떠난다는 것은 또한 내 가족을 잃는다는 말과 같은 뜻이다. 내가 예수를 믿고 이슬람을 떠나면 내 가족은 나를 미워하고 나를 가족으로 생각하지 않을 터였다. 내가 기독교인이 되면 나는 더 이상 우리 가족과 가문의 일원으로 받아들여지지 않을 것이 확실했다. 우리 가문은 아직도 이슬람 신앙을 굳건히 붙잡고 있는 그런 가문이었다.

  새로운 신앙을 받아들인다는 것은 단순히 믿음이 바뀐다는 것만을 의미하지 않는다. 그것은 내가 자랐던 문화와 풍습, 그리고 민족까지 저버린다는 뜻이 될 수도 있다. 내가 외국인인 기독교인과 결혼하고 기독교인이 된다는 것은 곧 부모와 가문의 명예와도 관련이 된 일이다. 롬복 시골의 처녀는 당연히 같은 신앙을 가진 같은 민족의 남자와 결혼해야 한다. (내 이름인 바이끄도 롬복 사삭족(Sasak)의 여자에게 붙는 이름이다. 민족의 자부심이 깃든 이름이다. 남자는 랄루(Lalu)라 한다) 우리 부모님과 가족은 나 때문에 수치를 당하게 될 것이다. 부모님이 이 사실을 알게 되면 어떻게 반응하실지 어떤 일이 벌어질지 상상도 하기 어려웠다.

  하지만 가족 때문에 이제 내 마음속에 들어와 싹을 틔운 믿음을 져버린다면? 그것도 생각하기 싫은 일이었다. 성경을 읽으며 이미 내 마음속에는 예수가 하나님이고 하나님 나라에 이르는 바로 그 길이라는 믿음이 생겼다. 그 믿음을 배반할 순 없었다. 진리를 알고도 그것을 따르지 않아 지옥에 가야 하겠는가?

"오, 하나님!"

너무 마음이 아프고 고민이 되었다. 하나님과 가족, 어느 것 하나 포기할 수 없는 두 길 앞에 서게 되었다. 생각이 생각을 낳으며 하루 다섯 번의 기도에도 집중할 수 없었다. 무슬림의 의무인 기도, 나는 어떤 상황에서도 기도하는 일에 게으르지 않았다. 처음 기도를 빼먹었을 때 죄책감을 느꼈다. 나중에는 기도하면서도 다 쓸데없는 일인 것 같다고 생각했다. 그럴수록 성경을 더 자주 읽고 마음을 굳게 했다. 그리고 교회에서 예배나 모임에 더 자주 참석했다. 내 마음은 점점 예수를 향한 믿음을 향했다. 믿음이 더욱 굳어졌다. 가족을 사랑하지만 나는 하나님을 택해야 했다. 그분이야말로 이 세상의 모든 피조물을 만드셨고 붙드시는 분이다. 또 나에게 생명을 주신 분이다. 내가 이 하나님을 믿고 택하지 않는다면 내 인생은 아무것도 아닌 것이 된다는 것을 나는 잘 알고 있었다.

원래 앤튼이 출석하던 교회를 함께 가다가 2004년 9월부터 우리는 친구의 소개로 구로동에 있는 구로 남교회에 가기 시작했다. 구로동에 있는 교회라 한국에 와 있는 외국인들도 꽤 많이 왔고 이들을 위한 프로그램도 있었다. 우리는 같이 일하는 스리랑카와 필리핀 친구들에게도 함께 교회에 가자고 권유했다. 그래서 꽤 많은 회사 동료가 주일마다 이 교회에 갔다.

인도네시아 친구들에게도 권했지만, 그들 대부분이 명목상으로나마 무슬림이었기에 교회 출석은 어려웠다. 구로 남 교회에서 우리는 장대순님을 만났는데 우리는 그분을 아버지라고 불렀다. 그분은 정말 우리 아버지 같았다. 아버지는 항상 우리에게 관심을 두고 돌보고 도와주셨다. 주일에는 차를 몰고 구로역에 나와 우리를 태우고 교회까지 데려다주셨다. 목사님과 다른 교회분들도 다들 친절하고 좋았다. 매 주일 예배를 드리고 나면 한 시간 동안 성경을 공부했다. 박 목사님과 기탁 집사님이 성경을 가르쳐 주었다. 성경 공부 시간이 끝나면 함께 식사했다.

그렇게 매주 예배를 드리고 성경을 공부하고 다른 성도들과 교제하면서 내 마음속에는 하나님이신 예수님에 대한 사랑이 싹트고 자랐다. 이 사랑은 내가 알던 그 어떤 사랑과도 같지 않고 말로도 표현할 수 없는 그런 사랑이었다. 주일이 되면 기분이 매우 좋았다. 행복하고 즐거운 마음이었다. 교회에 가서 예배를 드릴 수 있기 때문이었다. 교회에 빨리 가고 싶었다. 찬양이 흘러나오는 것을 들으면 마음속에 큰 평안이 느껴지고 때로는 눈에서 눈물이 흘렀다. 감격의 나날이었다.

나는 주위의 한국 사람, 특히 그리스도인들을 통해 하나님의 사랑을 경험하였다. 이 사람들은 친절하고 다른 사람의 필요에 민감했으며 항상 돕는 사람들이었다. 당시 나는 예수님을 사랑하는 마음이 있었지만, 기독교의 가르침에 대해 다 이해하는 것은 아니었다. 성경을 읽고 주일마다 교회에 가서 예배를 드리고 공부를 해도 아직 이해 못 하는 점이 많았다. 하지만 그리스도인의 태도와 행함을 보면서 배우는 것이 많았다. 그리스도 안에서의 삶이란 사랑이며 그 사랑은 겸손과 오래 참음이라는 것을 배울 수 있었다. 하나님의 섭리 앞에서 나는 할 말을 잃었다. 하나님께서는 내 상황 속에 일하셔서 나를 한국으로 보내어 상도동에 두시고 그 계획 속에서 나를 이렇게 만나 주셨다.

내 인생의 지진과 쓰나미

구로 남 교회에 출석한 지 4개월 정도가 지났을 때이다. 인도네시아에서 지진과 쓰나미가 발생하여 아체 지역을 중심으로 수많은 사람이 희생되었다. 이로부터 하루 이틀 뒤인 2004년 12월 26일, 앤튼이 출근을 하지 않았다. 동료들 말로는 지난밤에 갑자기 아파서 병원에 갔다는 것이다. 하지만 앤튼이 어떤 병원에 갔는지는 아무도 몰랐다. 오후가 되어서야 전화가 왔다. 가리봉동에 있는 외국인 노동자 병원에서 온 전화였다. 앤튼이라는 환자가 있는데 상태가 아주 심각하다고 하였다.

놀란 마음을 안고 나는 그날 저녁 일을 마치고 다른 스리랑카 친구들과 함께 병원을 찾아갔다. 앤튼을 찾아가 보니 과연 병원에서 알려준 대로 상태가 심각했다. 앤튼은 말도 하지 못했고 산소호흡기를 차고 간신히 숨을 쉴 수 있었다. 어제만 해도 괜찮았는데 도대체 하루 사이에 앤튼에게 무슨 일이 생겼는지 아무도 몰랐다. 그날 밤에 한 이사라고 하는 회사 사람이 병원에 왔다. 한 이사는 회사에서 외국인 근로자와 관련한 사항을 모두 맡아 하는 사람이었다. 하지만 한 이사는 앤튼과 관련된 어떤 정보도 우리에게 주지 않았고 오히려 다들 빨리 숙소로 돌아가라고 말할 뿐이었다. 매우 걱정스러웠지만 우린 앤튼을 남겨둔 채 숙소로 돌아올 수밖에 없었다.

다음 날 저녁 작업을 마치고서야 앤튼을 보러 다시 병원에 갈 수 있었다. 전철을 타고 가리봉역에 내려서 나는 병원까지 뛰었다. 꽤 먼 거리였지만 온종일 이 생각 저 생각하며 걱정을 한 끝이라 뛰는 것이 힘든 줄도 몰랐다. 병원에 이르자마자 어제 앤튼이 있던 방문을 열고 들어갔다. 하지만 앤튼은 거기 없었다. 무슨 일일까? 놀란 마음에 별의별 생각이 다 들었다. 그러나 마음을 진정시키고 그 방에 있는 다른 환자에게 앤튼의 행방을 아느냐고 물었다. 그 환자는 자기도 모른다고 했다. 정신이 아득해져 왔다. 이 사람을 어디서 찾아야 할까?

얼마 지나지 않아 간호사가 보였다. 앤튼이 어디 있느냐고 묻자 앤튼은 이 병원에 없고 큰 병원으로 옮겼다고 한다. 알고 보니 외국인 노동자 지원센터의 김 목사님이 앤튼을 구로 병원(고려대 병원)으로 옮긴 것이다. 앤튼은 거기서도 아직 응급실에 있다고 했다. 앤튼이 어디 있는지 알게 되어서 다행이지만 아직 상태가 좋지 않다고 하니 더 걱정이 되었다. 간호사가 적어 준 병원 주소를 가지고 택시를 타고 구로 병원으로 향했다. 택시에서 내리자마자 바로 응급실로 향했다. 응급실에도 환자가 많아서 앤튼이 어디 있는지 한참 찾아야 했다.

정신없이 앤튼을 찾고 있는데 한 침대 옆에 힘없이 앉아 있는 그가 보였다. 여기저기 꽂혀있는 줄과 붕대를 보니 이미 여러 가지 치료와 처치를 받은 뒤인 듯했다. 손과 목에 있는 처치의 흔적을 보고 앤튼에게 물었다.

"도대체 어떻게 된 일이야? 어디가 아픈 거야? 어디가 아프길래 이런 것들을 달고 있는 거야?"

앤튼은 자기도 모른다고 말했다. 그 말을 듣자 더 혼란스러웠다. 뭐가 어떻게 돌아가고 있는 건지 알 수가 없었다.

그날 밤은 숙소에 돌아가지 않고 병원에 머물며 앤튼의 곁을 지켰다. 앤튼은 여전히 상태가 좋지 않았다. 어떤 여의사가 앤튼의 상태를 계속 점검했다. 그리고는 나에게 아마 앤튼은 스리랑카로 돌아가야 할 거라고 했다. 한국은 치료비가 비싸다면서 말이다. 입원비도 그렇고 앤튼의 상황을 볼 때 앞으로 치료비가 많이 나올 것 같다는 말이었다. 나는 앤튼의 병명을 몰랐지만 이 의사는 알고 있을 테니 앤튼과 우리를 생각해서 한 말이었을 것이다.

그리고 그 의사는 무슨 서류를 하나 건네주었다. 한국말로 쓰여 있어서 그 서류가 진단서인지 무슨 소견서인지 우린 알 수가 없었다. 의사의 말을 들으면서 앤튼을 보니 얼굴이 슬퍼 보였다. 걱정이 많이 되었을 것이다. 나도 힘이 쭉 빠졌다. 일해서 월급을 받고는 있지만 한 달 일해서 받는 급여로는 아까 의사가 얘기해 준 하루치 병원비도 치르지 못한다. 그저 울음만 나왔다. 이 상황을 누구에게 얘기할 수 있을까? 그저 하나님만 떠올랐다. 그렇지, 아직 하나님이 있지. 내가 의지할 수 있는 분. 그리고 기도했다.

"하나님. 전, 무엇을 어떻게 해야 할지 모르겠어요. 지금 당장 저를 도와주세요."

극도의 슬픔과 숨도 쉴 수 없는 절망 가운데 내 머릿속에는 아무도 떠오르지 않았다. 누구에게 도움을 청할 수 있을지 생각이 나지 않았다. 오직 하나님만 떠올랐다. 그리고 하나님께 부르짖으며 오직 그분의 뜻에 나를 맡겼다.

오래 지나지 않아 아버지(아버지라고 불렀던 장대순님)가 오셨다. 나는 앤튼에게 아까 의사가 건네주었던 서류를 아버지에게 보여주자고 했다. 우리는 그 서류가 무슨 서류인지도 몰랐기 때문이다. 앤튼은 고개를 저으며 그러지 말라고 했다. 아버지에게 부담을 주는 게 싫다는 뜻이었다. 하지만 아버지에게 보여주지 않으면 이 서류가 무슨 뜻인지 알 방법이 없었다. 부끄럽고 염치없지만 결국 아버지에게 그 종이를 건넸다.

서류를 읽고 나서도 아버지는 아무 말이 없었다. 서류가 무엇에 대한 것인지도 알려주지 않았다. 아버지는 슬픈 표정을 짓고는 조용히 울음을 터뜨렸다. 그리고는 나에게 이렇게 말했다.

"걱정하지 마, 내가 다 알아서 할게."

아버지는 나가서 의사를 만나서 뭐라고 얘기를 나누었다. 그러고 나서 앤튼은 응급실에서 입원실로 옮겨졌다. 앤튼이 입원실로 옮겨지고 나니 마음이 조금 놓였다. 그리고 하나님께 감사를 드렸다. 아마 하나님께서 아버지를 보내서 앤튼과 우리를 도우시는 것이 아닐까 생각했다.

저녁 일을 마치면 매일 병원으로 갔다. 앤튼을 돌보기 위해서였다. 앤튼은 내가 필요했다. 앤튼은 아파서 밤에 제대로 잠을 이루지 못했다. 나도 따라서 잠을 잘 수 없었다. 아침이 되면 무척 피곤하지만 다시 회사로 돌아가 일을 해야 했다. 졸음이 쏟아지는 가운데 일을 해야 하니 작업 능률이 오를 리 없었다. 자주 화장실로 가서 벽에 몸을 기대고 눈을 붙이곤 했다. 다행히도 관리자 언니는 내 사정을 이해해 주었기 때문인지 크게 나무라지 않았다. 가끔가다 한 마디씩 할 뿐이었다.

"바이끄, 화장실에 되게 오래 있다가 오네?"

닷새가 지나서야 앤튼은 퇴원할 수 있었다. 아버지가 병원에 와서 퇴원 수속을 다 밟고 앤튼을 데려가셨다. 아버지는 병원비로 오백만 원을 넘게 지불했다. 하지만 앤튼과 내가 일하고 있는 회사에서는 한 푼도 도와주지 않았다. 사실 나도 그렇지만 앤튼도 합법적인 신분으로 와 있는 근로자이기 때문에 건강보험에 가입해 있었음에도 회사 측의 비협조로 전혀 지원을 받지 못했다.

선한 사마리아인

아버지는 갈 곳이 없게 된 앤튼을 데리고 가서 아버지가 운영하던 작은 규모의 공장 한쪽에 공간을 만들어 머물게 해 주었다. 그리고 앤튼이 지낼 수 있도록 모든 필요를 채워주었다. 먹고 마시는 것뿐 아니라 치료비와 약값도 다 대 주었다. 아버지도 작은 공장을 운영하실 뿐 그다지 넉넉한 형편이 아니었는데도 말이다. 앤튼은 아버지와 함께 병원에 가서 정기적으로 투석을 받았다. 그제야 나는 앤튼의 신장이 망가졌다는 것(급성신부전)을 알게 되었다.

그런 가운데에서 나는 하나님께서 얼마나 좋으시고 사랑이 많으신 분인지 점점 더 알게 되었다. 기댈 곳 없는 상황 속에서도 그분은 우리를 돕는 사람들을 만나게 해 주셨다. 타국에서 그런 중한 병을 갑자기 얻고도 생명을 부지할 수 있다는 것은 기적과 같았다. 앤튼은 2005년 1월부터 아버지가 마련해 준 곳에서 지냈다.

어느 날 밤, 꿈을 꾸었다. 꿈속에서 앤튼은 깜깜한 방에 있었다. 불이 다 꺼져서 아주 어두웠다. 그런데 그 방은 곧 아주 많은 등불로 가득 찼다. 그 등불들은 앤튼의 방을 밝게 비췄다. 아침이 되어서 앤튼을 찾아갔다. 그리고 앤튼에게 꿈 이야기를 했다. 마침 그날은 휴일이어서 나는 앤튼의 방을 청소해 주고 먹을 것을 좀 사 놓고 간단한 음식도 만들어 놓고 있었다.

내가 이런저런 일을 하는 동안에 앤튼은 계단에 앉아서 기도하기 시작했다. 기도는 길어졌다. 꽤 많은 시간이 흘렀다. 그런데 앤튼의 기도 소리는 점점 내가 잘 알지 못하는 이상한 말로 변해갔다. 그런 말이나 그런 언어는 들어본 적이 없었다. 앤튼은 계속 그 말을 가지고 기도를 했다. 난 적잖이 놀랐다. 그래서 기도 중인데도 불구하고 이렇게 물어보았다.

"지금 뭐라고 하는 거야? 무슨 얘기를 하는 거야? 전혀 알아들을 수가 없어."

하지만 앤튼은 내 얘기를 들은 건지 아닌지 대답을 하지 않았다. 오히려 더 격한 소리로 이상한 소리를 내기 시작했다. 심지어 울기까지 했다. 무엇인가 잘못되었다는 생각이 들었다. 어안이 벙벙하고 걱정이 되었다. 나는 앤튼을 붙잡고 흔들었다.

"뭐야? 무슨 일이야? 도대체 어떻게 된 거야? 빨리 눈 뜨고 말을 해 봐."

하지만 여전히 앤튼은 아랑곳하지 않았다. 걱정도 되고 두려운 마음에 울음이 터졌다. 얼마 지나지 않아 앤튼은 기도를 마친 후 눈을 뜨고 나를 보고 미소를 지었다. 조금 전까지 격하고 이상한 소리를 내더니 이제 앤튼은 온화한 웃음을 띠고 있었다. 편하고 행복해 보였다.

"앤튼 너무 이상해. 조금 전까지 이상하게 말을 하더니 이제는 웃네?"

"나 방금 성령세례를 받은 것 같아. 내가 방금 했던 그 알아들을 수 없던 말은 방언이야. 성령이 하게 하신 언어야. 나도 이렇게 기도한 것은 처음이야."

지난밤 내가 꾸고 앤튼에게 말해 준 앤튼의 방에 가득했던 등불을 보았던 꿈이 바로 이것을 의미하는 것일지도 모른다고 말했다. 하지만 성령세례가 무엇인지 방언이 무엇인지 내가 어찌 알겠는가? 난 여전히 혼란스러웠다. 설교도 듣고 성경 공부도 하고 했지만, 성령이 뭔지 여전히 잘 모르는 상태였다. 그리고 다른 사람이 방언으로 기도하는 것도 처음 보았다. 앤튼은 여전히 정리가 안 된 나에게 말했다.

"바이끄도 나중에 성령을 받으면 오늘 일에 대해서 다 이해할 수 있을 거야."

우리는 산업연수생 제도하에서 한국에 왔다. 연수생의 체류 기간은 원래 3년이지만 2004년, 고용허가제가 시행되면서 한시 조치로 체류 기간이 1년 연장되어 최대 체류 가능 기간이 4년이 되었다. 그리고 우리는 다들 2005년 초에 체류 기간이 한번 더 연장될 것이라고 기대했다. 체류 기간이 2년 연장되면 최대 5년까지 한국에서 일할 수 있는 셈이었다. 난 2001년 1월에 왔기 때문에 5년이면 2006년 1월까지 있을 수 있었다.

그런데 2005년 초에 체류 기간 연장 조치가 더는 없다는 소식을 들었다. 앤튼이 아파서 아버지가 마련해 준 거처에 머물고 있을 때였다. 체류 기간이 지난 근로자들을 당장 다 귀국시킬 수는 없으니 얼마간의 시간을 주긴 했다. 난 2006년 1월까지 1년을 더 있지 못하고 2005년 8월에 돌아가야 했다. 앤튼은 2000년 8월에 한국에 왔고 체류 기간 연장 불가 결정이 나기 전에 비자를 연장했기 때문에 5년을 채워서 2005년 8월 20일까지 있을 수 있었다. 결과적으로 우리는 같은 달 각자의 나라로 돌아가야 하게 되었다.

거의 8개월 동안을 앤튼은 아버지가 마련해 준 거처에 머물렀다. 그동안 생활비와 치료비, 약값은 모두 아버지가 대 주었다. 8월이 되었다. 나는 8월 26일, 앤튼은 8월 20일, 약 일주일의 시차를 두고 우리는 각각 인도네시아와 스리랑카로 돌아가야만 했다. 하지만 앤튼은 자기가 돌아가고 난 뒤 단 6일이라도 날 한국에 혼자 두고 싶어 하지 않았다. 그래서 앤튼은 아버

지와 함께 출입국관리사무소에 가서 자기 비자를 일주일 연장
했다. 아버지는 지금까지 앤튼을 돌보아 주었던 것처럼 앤튼이
자기 나라로 돌아가는 절차도 다 챙겨주었다. 항공권도 구입해
주었다. 아버지가 우리에게 보여준 헌신과 희생의 크기는 말로
다 할 수 없다. 아버지는 하나님께서 한국에서 우리에게 보내
주신 분이시다.

고향으로 돌아가다

우리 두 사람은 8월 26일, 같은 날에 귀국하게 되었다. 떠나
기 전날 아버지는 앤튼과 나를 아버지 집으로 데려갔다. 다음
날 아침, 우리 두 사람을 공항까지 데려다주기 위해서였다. 출
발을 하루 앞두고 밤새도록 잠을 이룰 수 없었다. 이 생각 저 생
각이 머릿속을 가득 채웠다. 신앙에 대한 걱정, 그리고 앤튼에
대한 걱정이 컸다.

인도네시아로 돌아가면 나는 다시 무슬림으로, 이슬람에서
정한 의무를 행하며 살아야 했다. 새로 얻게 된 믿음이 있지만
부모님을 거역할 용기는 없었다.

'앤튼, 앤튼은 어떻게 하지? 이렇게 각자 나라로 돌아가면 우
리 다시 만날 수 있을까? 앤튼을 다시 만나 결혼하지 못하면 나
혼자 롬복에서 예수를 향한 신앙을 가진 신자로 살기는 어려울
텐데, 내 믿음이 그 정도는 아닌데, 그럼 난 계속 이슬람 신앙을
가진 척하면서 내 진짜 신앙을 숨기면서 그렇게 살아야 하는

내 신앙을 숨기고 그렇게 가짜 무슬림으로 살면 예수님께 죄를 짓는 것 같았다. 그리고 롬복으로 가면 난 교회에도 가지 못하고 그리스도인들도 다시 만나지 못할 터였다. 내가 사는 곳에는 교회가 없고, 교회는 도시에나 나가야 있는데 우리 집에서는 멀었다. 거리도 거리지만 혼자 교회에 가는 것은 용기가 필요한 일이다.

아침이 되었다. 아버지는 우리를 공항으로 데려다주었다. 공항에서 우린 오래 같이 있지도 못하고 바로 헤어져야 했다. 앤튼이 탈 스리랑카행 비행기 시간이 아침이었기 때문이다. 인도네시아행 비행기는 오후에 출발할 예정이었다. 앤튼이 아픈데 혼자 돌아가야 하는 걸 지켜보는 내 마음이 너무 아팠다. 하지만 앤튼 앞에서 슬퍼하는 모습을 보이고 싶지 않았다. 앤튼과 헤어지는 데 그 앞에서 눈물을 흘리는 모습을 기억하게 하고 싶지는 않았다. 나는 애써 씩씩하고 태연한 체하며 앤튼에게 힘을 주려 했다.

"앤튼, 걱정하지 마. 꼭 나을 거야. 그리고 우리 꼭 다시 만날 수 있을 거야."

이 말을 들은 앤튼은 씩씩한 내 모습을 보며 다소 안심이 되었는지 웃음을 띠며 출국장으로 들어갔다.

앤튼은 이미 떠났고 이제 내가 출발할 시간이 다가왔다. 한국에 온 지 4년 반 만에 한국을 떠나는 것이다. 마음이 복잡했다. 한편으로는 기쁜 마음도 있었다. 돌아가면 사랑하는 가족을 다시 만날 수 있기 때문이다. 하지만 한국을 떠나는 것이 슬펐다. 한국에서 난 예수님을 알게 되었고 구원을 얻게 되었다. 그러니까 한국은 나와 예수님을 만나게 한 중개인 셈이다. 난 한국을 사랑하게 되었다. 나를 한국으로 데려오신 분은 예수님이다.

'오늘 이렇게 떠나면 다시 한국이라는 나라를 다시 볼 날이 있을까?'

비행기가 인천에서 출발해 자카르타에 도착하기까지 약 일곱시간 동안, 내 머릿속에 온갖 생각이 맴돌았다.

이전의 내가 아니에요

아버지와 어머니, 두 동생은 발리로 나를 마중 나왔다. 롬복은 발리 바로 옆에 있는 섬이지만 평소에 우리 가족이 발리까지 나올 일은 많지 않았다. 가정 형편이 뻔한 우리로서는 발리와 롬복을 왕래한다는 것이 쉽지 않았다. 사실 내가 혼자 집에까지 찾아갈 수도 있었다. 그러나 일부러 온 가족이 나를 마중 나오도록 했다. 롬복에서 발리로 올 때는 배를 탔고 다시 롬복으로 돌아갈 때는 모두 함께 비행기를 타자고 했다. 부모님과 동생에게 배와 비행기를 타게 해주고 싶었다.

이때가 아니면 우리 가족이 비행기를 타 볼 기회가 없을 것 같았다. 가족들은 즐거워했다. 가족들이 즐거워하는 것을 보면서 마냥 행복했다. 가족의 행복이 나의 행복이다. 드디어 롬복에 와서 온 가족이 다시 모이게 되었다.

내가 한국에서 일하고 벌어서 모은 돈으로 먼저 집수리를 했다. 그리고 아버지에게는 자그마한 땅을 사드렸다. 벼와 기타 작물을 심으면 나중에 수확해서 우리 가족이 먹을 식량도 마련할 수가 있다. 고향으로 돌아와 늘 살던 집에서 가족과 함께 살게 되었지만, 나는 이전의 바이ㅠㅠ가 아니었다. 부모님은 모르시지만, 이전과 달리 내겐 새 신앙이 있었다. 이슬람 신앙이 없는 데도 있는 척 생활하는 것이 고통스러웠다. 하루에 다섯 번씩 해야 하는 기도도 다 거짓으로 행하였다. 겉모양은 이슬람에서 정한 의식에 따라 기도하는 것 같았겠지만 내 기도의 방향은 예수님을 향했다. 라마단 금식월이 돌아오면 금식하는 척했지만 다른 사람이 보지 않을 때는 음식도 먹고 물도 마셨다. 다만 부모님께 사실대로 말할 용기는 나지 않았다. 성경도 몰래몰래 읽었다.

앤튼과는 좀처럼 연락이 되지 않았다. 내가 문자를 보내도 답장이 오지 않았다. 무슨 일이 일어난 것은 아닌지 걱정이 되었다. 앤튼을 고쳐 달라고 매일 하나님께 기도했다. 한참 후에야 소식을 들었다. 알고 보니 앤튼은 건강 상태가 매우 좋지 않았다. 신장이식 수술만이 해결책인 듯했지만 앤튼은 수술을 받지 않겠다고 했다. 교회 목사님이 앤튼을 위해 기도하고, 수술을 권했다. 그제야 앤튼은 수술을 받겠다고 했다.

앤튼의 어머니가 신장을 내주었다. 2006년 1월, 앤튼은 신장 이식 수술을 받았다. 스리랑카로 돌아간 지 약 5개월 후였다. 앤튼이 수술을 받는 날 난 밤새도록 울면서 기도했다. 수술이 잘 진행되고 앤튼이 조금 더 살 기회를 얻게 해 달라고 기도했다. 마음이 너무 다급한 나머지 가족 몰래 기도하는 것에 충분히 주의를 기울이지 않았다. 결국 어머니가 내가 기도하는 것을 보시고야 말았다. 영문을 모르는 어머니는 딸이 밤새 울면서 기도하는 광경을 보고 얼마나 가슴이 철렁했을까?

하지만 어머니는 차마 내게 직접 묻지 못하고 동생을 통해 물었다. 난 대충 얼버무려 대답했다. 자초지종을 이야기하자면 길어진다. 더더구나 가족들은 앤튼에 대해 알지 못한다. 아침이 되어서야 앤튼의 친척 아저씨로부터 연락이 왔다. 수술도 잘 되었고 앤튼의 상태도 괜찮다고 했다. 기도를 들어주신 하나님께 감사한 마음뿐이었다. 수술 후에 앤튼의 상태는 빠르게 회복되어 갔다. 건강을 어느 정도 회복한 앤튼은 여유가 생겼는지 나에게 매일 연락했다. 서로 만나서 결혼을 할 수 있을 것 같았다. 수술 후 앤튼은 인도네시아로 와서 나와 결혼할 계획을 세웠다. 앤튼과 결혼을 할 수 있다는 것이 매우 기뻤으나 마음 한구석에는 걱정이 생겨났다.

'부모님께는 뭐라고 말씀드릴까?'

도통 답이 떠오르지 않았다. 우선 앤튼과 내가 이슬람이 아닌 다른 종교를 믿는다는 것이 가장 큰 걸림돌이었다. 특히 내가 이미 그리스도인이 되었다는 것이야말로 큰 문제였다. 어떻게 부모님께 앤튼을 소개하고 결혼계획을 말씀드릴지만 매일 생각했다. 선뜻 말을 꺼내기는 힘들지만, 마냥 미룰 수는 없었다.

드디어 하루 날을 잡아, 용기를 내어 어머니에게 앤튼과의 결혼에 관해 얘기했다. 말하는 내내 가슴이 쿵쾅거렸다. 아버지께 직접 말씀드리는 것은 두려우니, 어머니가 대신 이야기를 해달라고 부탁했다. 이것으로 내가 할 수 있는 일은 다 했다고 생각했다. 이제 아버지가 나를 부르실 일만 남았다.

어머니로부터 이야기를 전해 들으셨는지 마침내 아버지가 나를 부르셨다. 순간 몸이 덜덜 떨릴 정도로 무섭고 긴장이 되었다.

'아버지가 앤튼을 받아들이지 않으면 어쩌지?'

마음속으로 기도하면서 아버지 앞에 섰다. 아버지가 말씀하셨다.

"남자의 재산을 보고 결혼을 하면 절대 안 된다. 좋은 남자

랑 결혼해야 해. 신의 길로 널 인도해 줄 수 있는 그런 남자와
결혼해야 한다."

앤튼이 외국인이다 보니 돈이 많아서 내가 결혼하려 하는
것이 아닌가 하는 우려에서 하신 말씀 같다. 앤튼은 아버지의
추측과는 거리가 먼 사람이다. 그러나 내 남편이 되어 참되신
신이신 하나님의 길로 나를 인도해 줄 수 있는 사람이다.

"앤튼은 부자가 아니에요. 우리랑 형편이 비슷해요. 하지만
좋은 사람이에요. 앤튼은 무슬림이 아니고 기독교인이에요. 하
지만 제가 이슬람을 가르칠게요."

물론 이것은 마음에 없는 말이었다. 만일 이렇게 말하지 않
았으면 아버지는 절대로 허락해 주지 않았을 것이다. 나는 앤
튼에게 이슬람에 대해 가르칠 생각이 전혀 없었다. 그러나 아
버지께 나도 기독교인이라고는 말할 수 없었다. 아버지의 걱정
은 이어졌다.

"스리랑카는 너무 멀잖니. 네가 거기로 시집가면 어떻게 널
다시 볼 수 있니? 네가 잘사는지 어떻게 알 수 있니? 들여다볼
수가 없으니 거기서 무슨 일이 생겨도 여기선 아무것도 알 수
도 없고 할 수도 없겠구나."

"아버지 걱정하지 마세요. 하나님께 저를 맡기세요. 그분이

저를 지켜주실 거예요. 약속해요. 여유가 생기고 할 수만 있으면 매년 친정으로 찾아뵐 수 있도록 할게요."라고 대답했다.

둘이 하나가 되다

아버지는 내 말을 다 들은 후 우리 결혼을 허락해 주셨다. 아버지가 허락하시리라고는 생각지도 못했다. 나는 기쁨에 차서 앤튼에게 즉시 소식을 전했다. 비자도 만들어야 하고 여러 가지 절차를 밟아야 했다. 그 당시에는 스리랑카 사람이 단독으로 비자를 받아서 인도네시아에 들어오기가 쉽지 않았다. 스리랑카 사람들이 호주로 불법입국을 할 때 인도네시아를 거쳐 가는 일이 많았기 때문이다. 인도네시아에 보증인이 있으면 비자를 받기가 수월했다. 보증인이 인도네시아에서 수속을 밟은 후 스리랑카에 있는 인도네시아 대사관으로 비자를 전송해 주면 되었다.

나는 롬복에 있는 이민국 사무소로 갔다. 롬복에서 수속을 밟은 후 스리랑카로 비자를 전송해 주기 위해서였다. 하지만 롬복에 있는 이민국에서 안내하기를 자카르타에 있는 더 큰 사무실에서 수속을 해야 한다는 것이었다. 일이 다시금 어려워졌다. 전에 한국으로 갈 때 인력송출회사 사무실에 가려고 자카르타와 남쪽에 있는 브까시를 오간 적이 있지만 자카르타의 지리는 여전히 모른다. 롬복섬에서 자란 나는 이상하게도 자카르타가 무섭고 부담스러웠다.

어찌할 바를 모르고 있을 때 도와주겠다는 사람이 나타났다. 물론 공짜는 아니었다. 비자 수속을 도와주는 대가로 6백만 루피아(당시 환율로 약 60만 원 정도) 이상을 요구했다. 비용도 비쌌지만, 그 사람에게 돈을 준다고 해도 앤튼이 비자를 받아 인도네시아로 온다는 보장이 없었다. 과연 그 사람을 믿고 돈을 줘도 될지 확신이 없었다. 다시 낙담이 되었고 좋지 않은 생각이 들었다. 과연 앤튼이 롬복으로 올 수 있을까?

한국에서 일해서 번 돈으로는 집수리를 하고 땅도 사고 필요한 것들을 샀다. 남은 돈은 약 2천 7백 달러(약 3백만 원 정도)였다. 이 돈으로 결혼식도 치르고 스리랑카로 갈 항공권도 사야 했다. 이 돈을 절대 허투루 쓸 수 없었다. 난 다시 하나님께 매달렸다.

"하나님, 당신의 뜻이 이루어지게 하세요. 난 나를 도울 힘이 없습니다. 하나님의 길로 나를 이끌어 주세요."

스리랑카에 있는 앤튼도 방법을 찾기 위해 애썼다. 앤튼은 스리랑카의 수도인 콜롬보 주재 인도네시아 대사관을 찾아갔었다. 그곳에서 인도네시아에서 파견된 직원 하나를 만났다. 그 사람은 앤튼의 사정을 다 듣고 나서 전화번호를 하나 알려주었다. 자카르타에 있는 이민국에서 일하고 있는 사람의 번호였다. 앤튼은 받은 전화 번호를 나에게 보내주었다.

처음에는 자카르타에 있는 이민국을 찾아가더라도 누구를

만나야 할지 몰랐다. 그러나 이제는 연락을 취할 구체적인 인물이 생겼다. 앤튼이 알려준 번호로 전화를 걸었다. 그리고 그에게 우리 사정을 모두 털어놓았다. 그 사람은 좋은 사람인 듯했다. 기꺼이 우리를 도우려고 했다. 그가 요구한 앤튼의 비자 수속 비용은 130만 루피아 (약 13만 원)가 전부였다. 그 돈으로 비자 수속 비용을 충당하고 수고비는 약간만 챙기는 것 같았다. 이후 모든 일이 일사천리로 진행되었다. 비자는 금세 나왔다. 처음엔 막막했던 일이 의외로 쉽게 풀려서 하나님께 감사했다. 하나님은 우리에게 돕는 사람들을 보내주신 것이다.

비자를 받은 앤튼은 2007년 5월, 인도네시아로 왔다. 2005년 8월, 인천공항에서 기약 없는 이별을 한 후 3개월이 모자라는 2년 만에 우리는 다시 만났다. 앤튼이 신장이식 수술을 받은 지 1년 4개월 만이다. 이 만남의 자리까지 우리는 먼 길을 돌아왔다.

결혼식은 롬복에서 롬복 전통에 따라 치렀다. 결혼식 준비부터 모든 과정에 하나님이 함께하심을 깊이 느꼈다. 모든 것이 기적이었다. 롬복 사람도 인도네시아 사람도 아닌 외국인과 결혼하는 것, 무엇보다 기독교인인 앤튼을 아버지가 받아들이셨다는 것이 기적이었다. 다른 곳은 모르겠지만 우리가 사는 곳에서는 종교가 정말 중요하다. 하지만 이상하게도 우리 가족뿐 아니라 우리 결혼을 바라보는 친척, 주위 이웃 누구도 앤튼이 기독교인이라는 것, 외국인이라는 것을 문제 삼는 사람은 아무도 없었다.

　결혼식을 마친 후 우리는 한 달간 롬복에 머물렀다. 이 시간 남편 앤튼도, 부모님과 동생도 모두가 행복했다. 그러나 언제까지나 이렇게 살 수는 없었다. 이 모든 시간을 뒤로한 채 나는 앤튼을 따라 스리랑카로 가야 했다. 이것은 가족과의 이별을 뜻한다. 한국으로 일하러 갔을 때와는 다르다. 그때는 3년, 5년 정해진 시간이 지나면 다시 롬복으로 돌아올 수 있었다. 그러나 타국으로 가서 가정을 꾸리고 나면 언제 다시 올지 기약이 없다. 아버지, 어머니, 그리고 두 동생은 슬퍼하며 나를 배웅했다. 나 역시 가족을 떠나는 것이 슬펐다. 다시금 롬복을 떠났다. 그런데 이번에는 나 혼자가 아니다. 앤튼과 나, 두 사람이 함께 떠났다.

바이끄의 눈물,
진리를 찾기 위한 분투

앤튼이 급성신부전으로 (아버지라 부르던) 장대순님이 마련해 준 거처에서 지낼 때였다. 교회 청년부에서 외국에서 온 친구들을 섬기던 이들과 함께 앤튼을 찾아간 적이 있다. 앤튼을 보고 병원에서 나와 지하철역까지 가는 길을 바이끄가 배웅했다. 그때 바이끄와 이런저런 이야기를 나눌 수 있었다. 바이끄는 무척 힘들다고 했다. 사랑하는 연인이 타국에서 갑자기 아프게 된 것이 마음 아프다고 했다. 바이끄 역시 자기 일을 하면서 앤튼을 뒷바라지하는 것이 힘들었을 것이다. 그러나 바이끄에겐 더 큰 어려움이 있었다. 바로 신앙적 갈등이었다.

바이끄가 쓴 글을 보면 앤튼이 아프기 전, 이미 바이끄에겐 예수에 대한 믿음이 어느 정도 확고하게 자리 잡은 것으로 보인다. 그러한 바이끄의 믿음은 어느 특정일에 갑자기 생겼다고 할 수 없다. 그 믿음은 오랫동안 서서히 바이끄에게 스며든 것이다. 즉 어느 시점을 기점으로 확고한 믿음이 생긴 후, 다시는 흔들림이 없는 식의 믿음이 아니다. 바이끄는 새로 접한 기독교 신앙과 원래 지니고 있던 이슬람 신앙 사이에서 큰 갈등을 겪고 있다고 고백했다. 그때는 이미 바이끄가 정기적으로 예배에 참석하면서 말씀을 알아가고 예배 가운데 기쁨과 평안을 느끼고 있을 때이다. 또한 앤튼이 아프기 시작하면서 고난 가운데 하나님의 도우심을 경험하고 있을 때이다.

하지만 그렇게 강렬한 부르심을 받으면서도 어릴 때부터 가지고 있던 이슬람 신앙을 떠난다는 것은 절대로 쉬운 일이 아니다. 그때까지의 삶에서 이슬람은 바이끄의 모든 것이었을 것이다. 이슬람은 삶 자체이고 이슬람은 곧 가족을 의미하는 것이었다. 이슬람을 떠나는 것은 지난 삶을 다 부정하는 것처럼 느껴졌을지 모른다. 바이끄는 눈물을 흘렸다. 무엇이 옳은지 잘 모르겠고 혼란스럽다는 것이다. 예배를 드리고 기도하면서 예수를 믿는 믿음이 진짜라는 것은 확실히 알게 되었다. 그런데 어릴 때부터 믿어오던 이슬람도 그에겐 진짜였다.

그에겐 이슬람과 기독교 신앙 모두가 다 옳은데, 또 이 두 길이 동시에 참된 길일 수는 없다. 아픈 앤튼을 돌보는 어려움에 더해 신앙적 갈등이 바이끄를 힘들게 했다. 나를 포함하여 무슬림이 되어보지 않은 사람은 이 갈등을 모른다. 그 정도로 강렬한 확신이 있다면 이슬람 신앙을 떠나 예수를 믿는 신앙을 갖는 것이 뭐가 어려울까 생각하기 쉽다. 하지만 이슬람 배경을 가진 신자들의 간증을 읽어보면 이 단계에서 2~3년 이상 시간을 보내는 사람이 꽤 많다. 둘 다 맞는 것 같은데, 둘 다 진리일 수는 없고 무엇이 참된 가르침인지 확실히 몰라 갈등하는 시간이다. 하나를 택한다는 것은 하나를 버린다는 뜻일 수 있다. 때로 그 시간은 이들에게는 지옥과 같은 시간이다.

구원에 이르는 길이 여럿일 수는 없다. 내가 내리는 믿음의 결정은 살고 죽는 문제이다. 아마 이것이 바이꼬가 눈물을 흘린 이유였을 것이다. 이 갈등은 사랑스러운 망설임이다. 왜 믿음을 선물로 받고도 마음을 정하지 못하냐고 책망할 일이 전혀 아니다. 사실 인도네시아 같은 다문화, 다종교 사회에서 연인이나 배우자를 따라 신앙을 바꾸는 일은 흔하다. 하지만 앤튼도 그렇고 바이꼬도 그렇고 신앙은 그 무엇보다도 중요한 가치이다. 믿음은 그렇게 쉽게 결정할 수 있는 일이 아니다. 생명을 걸고 결정해야 하는 일이다. 바이꼬를 비롯해서 많은 이슬람 배경의 신자들은 이렇게 길고 혹독한 망설임의 시간을 거쳐 정금과 같이 확실한 믿음을 갖게 된다.

당시 이슬람에 대해서 조금씩이나마 꾸준히 책을 읽고 공부를 하기는 했지만 공부가 충분히 되어 있지 않은 상태여서 바이꼬를 도와줄 수 있는 말을 하지 못했다. 하지만 마침 그때 읽고 있던 이슬람 배경 그리스도인의 간증이 생각났다. 인도네시아 칼리만탄(보르네오섬)에서 꽤 유명한 이슬람 지도자였던 사람이 우연한 계기로 기독교 신앙에 대해 관심을 갖고 알아보다가 그리스도인이 된 이야기였다. 인터넷에 있던 자료를 출력하니 꽤 두꺼웠다. 이 사람도 바이꼬처럼 여러 가지 의문을 가지다가 그 의문을 스스로 해결해 가는 과정에서 그리스도인이 되었다. 이 간증에는 변증도 담겨 있고 주위 그리스도인이 그에게 끼쳤던 선한 영향력에 관한 이야기도 있었다. 무엇보다 이 사람도 바이꼬와 같이 신앙의 갈림길에서 갈등한 경험이 있었기 때문에 그의 이야기가 바이꼬에게 도움이 될 것 같았다.

사실 바이끄는 인도네시아어로 된 성경을 읽고 있을 뿐, 예배는 한국어로 하는 걸 옆에서 봉사자가 영어로 통역하는 방식으로 드리고, 성경 공부는 영어로 하고 있었다. 그래서 신앙에 대해 인도네시아어로 된 자료를 읽어본 적은 없었다. 인도네시아어로 된 이 글이 도움이 될 것 같았다. 게다가 이 간증을 쓴 사람은 저명한 이슬람 지도자였으니 무슬림이었던 사람이 기독교 신앙을 받아들이는 데 어떤 어려움이 있을 수 있는지 이해하는 사람이었다. 출력본을 준비해 두고 있다가 바이끄에게 건네주었다.

나중에 앤튼에게 전해 들은 바에 따르면 바이끄가 이 자료를 열심히 읽고 앤튼에게도 그 내용에 관해서도 얘기를 해주고 했다고 한다. 내가 준 이 자료가 바이끄가 신앙의 갈림길에서 겪은 갈등을 해소하는데 결정적 영향을 미친 것 같지는 않다. 그래도 바이끄가 앤튼에게 그 내용을 나누었다니 조금이라도 도움이 된 것 같아 나도 격려를 받았다.

바이끄는 신앙의 갈림길에서 쉽게 결정을 내리지 않았다. 쉽게 결정을 내리고 또 쉽게 돌아서는 사람이 있지만 바이끄는 그러지 않았다. 산고와도 같은 진통을 겪어야 했지만, 최종적으로 결정을 한 후에는 후회하지 않고 믿음의 길에서 돌아서지 않았다. 극심한 고난 가운데에도 믿음은 약하여지지 않고 오히려 더 굳세졌다. 나는 바이끄의 믿음의 분투 중 어느 한 시점에서 그의 눈물을 보았다. 많은 시간이 지나 바이끄가 써서 보내

준 그의 이야기를 보니 그 전부터 일하셨고 그 이후에도 일하
셔서 바이끄의 믿음을 굳게 하신 하나님의 손길이 있었음을 알
게 되었다.

3

콜롬보에서

그날 밤중에 잠결에 누군가 내 이름을 부르는 소리를 들었다.
깜짝 놀라 일어나 주위를 둘러보았다. 내 이름을 부른 사람은
아무도 없었다. 그날 밤만이 아니었다. 다른 날 밤에도 또 누군가
내 이름을 불렀다. 나는 '네'라고 대답하고는 잠이 깼다.
하지만 이번에도 역시 아무도 없었다.
이번에는 그 목소리가 다른 날과는 달리 분명하게 이렇게 얘기했다.
"나는 나다. 모든 만물 위에 있는 지극히 큰 이다."

다시금 외롭고 피곤한 나그네가 되어

2007년 6월, 우린 인도네시아 롬복을 떠나 스리랑카로 왔다. 정확히 말하자면 스리랑카의 수도인 콜롬보에서 두세 시간 정도 떨어진 곳이다. 우린 이곳에서 또 결혼식을 준비했다. 인도네시아 롬복식으로 한 번, 그리고 스리랑카에 있는 교회에서 한 번 그렇게 두 번 결혼식을 치르는 셈이다.

교회에서 결혼식을 하려면 세례를 먼저 받아야 했다. 결혼 때문에 억지로 세례를 받는 것이 아니라 신앙이 있어서 세례 의식을 치르는 것이니 문제 될 것은 없었다. 그런데 막상 세례를 받는 그날, 이상한 감정이 들고 마음이 편치 않았다. 어떻게 보면 이미 있는 신앙을 확인하는 의식일 수도 있지만 그렇게 세례를 받고 나니 우리 가족을 영원히 잃는 것이 아닌가 하는 이상한 생각이 머릿속을 떠나질 않았다. 나는 앤튼과 결혼하려고 이미 부모님께 거짓말을 많이 했다. 이유야 어쨌건 거짓말하는 것은 죄이다. 미안한 마음도 컸고 마음이 어지럽다 보니 믿음도 흔들렸다. 어쩌면 난 나의 신앙이었던 이슬람을 떠날 준비가 되어 있지 않았던 것 같다.

무슬림이 아닌 사람은 이해하기 힘들겠지만 무슬림으로 태어나서 자란 사람에게 이슬람은 단지 관념이 아니다. 이슬람은 내 부모님이고 가족이고 고향이다. 내 정체성이다. 예수님을 사랑하지만, 이슬람을 떠나는 것은 힘들었다. 그런 내적 갈등이 있었지만, 세례를 받기로 결정했다. 세례를 받고 나서는 교회 예식으로 결혼식을 치렀다. 마음이 편치 않았다. 부모님을 생각하면 슬픔이 밀려왔다. 내가 이렇게 그리스도인이 된 것을 알면 어떻게 생각하실까? 필시 나를 미워하실 것이 분명했다.

스리랑카에서 지내기 시작한 나날은 외로움의 연속이었다. 앤튼의 집도 롬복 우리 집처럼 도시에서 멀리 떨어진 시골에 있었다. 처음 와 본 스리랑카 환경과 주위 사람과 가족과도 아직 적응이 필요했다. 앤튼 외에는 말벗이 없었다. 스리랑카 사람들이 쓰는 말(싱할라어)도 당연히 하지 못했다. 앤튼과 나는 영어와 한국말을 섞어가며 대화해 왔다.

생활은 무료했다. 지루함을 떨치려고 난 매일 성경을 읽었다. 일요일에는 앤튼을 따라 교회에 갔지만 믿음은 그다지 자라지 않았다. 교회에 간다고 해도 설교도 알아듣지 못하고 찬송도 무슨 뜻인지를 모르니 그냥 몸만 왔다 갔다 하는 것이었다. 성경은 인도네시아어로 읽었지만, 따로 공부를 하지는 않으니 그 뜻을 다 이해하진 못했다. 앤튼은 수술 이후에 아직 제대로 된 일자리가 없었다. 그저 친척 아저씨를 따라다니며 슈퍼마켓 직원 통근 차량을 모는 정도가 다였다.

앤튼은 2007년 9월부터 일주일에 두 번씩 콜롬보에 있는 야간 성경학교에 등록해 다녔다. 그러다 보니 신혼 초부터 생활이 어려웠다. 나도 아직 스리랑카에서 일할 만큼 충분히 환경에 적응하지 못했다. 앤튼이 통근 차량을 운전해서 얻은 수입으로 온 가족이 생활해야 했다. 그러던 중 임신을 하게 되었다. 임신을 하게 되면 사람마다 먹고 싶은 음식이 생긴다. 우리 형편에는 먹고 싶다고 뭘 사서 먹기가 어려웠다. 난 그저 참을 수밖에 없었다.

인도네시아 음식은 물론이고 한국 음식이 생각날 때도 많았다. 칼칼한 육개장 생각이 간절했지만 살 돈도 없을뿐더러 돈이 있다고 해도 스리랑카에서는 한국 음식을 구하지 못했을 것이다. 서러워서 울기도 했다. 아이를 가지면 잘 먹어야 하는데 오히려 배가 고플 때가 많았다. 먹을 것도 조금 밖에 없었다. 그럴 때면 이렇게 기도하곤 했다.

"하나님, 먹을 것은 조금이지만 이것만으로도 포만감을 느끼게 해주세요."

먹을 것도 부족하고 해서 집 주변에 채소와 카사바 같은 작물을 심었다. 삶은 고단하고 견디기 힘들었다. 슬픈 마음에 울기도 많이 울었다. 그러나 부모님께 내 어려운 사정을 알리고 싶지 않았다. 내가 이렇게 고생하는 것을 아시게 되면 걱정하고 슬퍼하실 것이 분명했기 때문이다.

새 생명이 탄생했으나

첫째 아이가 태어났다. 아들이었다. 생활은 여전히 고단했지만, 아이가 태어난 것이 큰 위로가 되었다. 아이를 낳아 키우게 된 후로는 주일에 교회에 거의 가지 않게 되었다. 아기를 교회에 데려가는 것이 힘들다는 것이 이유였지만 사실은 교회에 갈 교통비가 없었다. 교회에 가려면 버스를 타고 가야 했는데 우리는 앤튼 혼자 왕복할 요금 정도만 간신히 낼 수 있었다.

그렇게 일 년 넘게 교회에 가지 않았다. 어린 믿음 단계에서 일 년이나 교회에 가지 않으니 믿음은 점점 약해졌다. 이제 예배를 드리거나 기도를 하고 싶은 마음도 생기지 않았다. 생활의 고단함이 믿음에도 영향을 주었다. 또 그때에는 기도를 어떻게 해야 하는지도 잘 몰랐다. 무슬림으로 살 때는 정해진 의식대로 기도도 하고 신앙생활을 하면 되었는데 그리스도인으로서는 어떻게 해야 할지를 제대로 배우지 못했다.

사정 때문에 교회는 가지 못한다고 하더라도 집에서 혼자 기도하고 예배할 수 있었을 테지만 집에서 혼자 드리는 기도도 중요하다는 것을 깨닫지 못했다. 앤튼이 매일 기도하는 것은 옆에서 보았어도 나는 주일에 한 번 교회에 가서 기도하면 충분하다고 생각했다. 그런데 일주일에 한 번 가던 교회마저 가지 않게 된 것이다. 내 삶은 무미건조했다. 그 어떤 힘도 내겐 남아 있지 않은 것 같았다. 희망도 없었다. 하나님이 나를 돌아보지 않고 돕지도 않는 것 같았다. 외국인과 결혼하여 새로운 믿음을 가지고 생판 모르는 사람들이 사는 나라까지 오게 되었는데 하나님이 나를 여기에 그냥 내버려 둔 것 같았다. 그 무렵 나는 모든 소망이 끊어진 상태였다. 기도도 할 수 없고 하고 싶지도 않았다.

어느 날, 교회 목사님이 우리 집에 오셔서 우리를 위해 기도해 주셨다. 목사님이 내 머리에 손을 얹어 기도할 때 목사님은 이런 메시지를 받은 것 같다고 하셨다.

"이전에 두 번이나 사탄이 너를 죽이려고 하였지만 내가 너를 도와 구원하였다."

그 말을 들은 난 너무도 놀랐다. 다른 메시지들도 들었는데 모두가 사실이었다. 난 롬복에서 한국에 오기 전 당했던 오토바이 충돌사고를 비롯하여 여러 가지 사건들이 떠올랐다. 순간 두려운 마음이 몰려왔다.

'난 이미 하나님으로부터 멀어져 있는데 하나님은 이전부터 늘 나와 함께 하셨고 지금도 나를 붙들고 계시는구나.'

상황은 여전히 어려웠지만, 그때부터 앤튼을 따라 다시 교회에 가려고 노력했다.

하나님의 임재를 체험하다

매년 8월이면 나흘 동안 교회 수련회가 열렸다. 이 수련회에는 거의 모든 교인이 참석했다. 수련회 장소는 교회로부터 멀리 떨어진 곳이었다. 텐트를 치고 그 안에서 잠을 잤다. 오전 6시에 일어나 아침 식사를 마치고 나면 나머지 시간은 기도하고 말씀 듣는 강행군이었다.

밤 열한 시부터 새벽 한 시까지 진행되는 밤샘 기도에도 꼭 참석해서 진심으로 기도를 하라고 앤튼이 강력한 어조로 말했다. 마음과 생각을 모두 하나님께 향하여 성령 충만을 구하라는 것이었다. 기도에서뿐 아니라 내 모든 삶을 성령께서 주관하시도록 말이다. 나는 앤튼이 말한 대로 했다. 밤샘 기도 때마다 텐트에서 나와 앤튼을 따라 기도처로 향했다. 막 한 살이 된 아이도 데려갔다. 우리는 모두 실내도 아닌 옥외에 마련된 기도처에서 돗자리만 깔고 그 위에서 기도했다. 아이가 잠들자 난 아이를 옆에 내려놓고 무릎을 꿇었다. 그리고 눈을 감고 계속 기도했다. 모든 마음과 생각을 하나님께 향하고 나 자신을 하나님께 내어 드리며 기도하려고 했다.

수련회 셋째 날 밤이었다. 그날도 한참 기도하고 나니 자정이 되었다. 그런데 어제와는 뭔가 달랐다. 조금 전만 해도 멀쩡했었는데 몸이 떨리더니 식은땀이 온몸을 적셨다. 눈물이 계속 흘렀다. 혀가 굳는 것 같더니 나도 모르게 내가 알지 못하는 이상한 말이 나오기 시작하였다. 누군가 다가오는 기척이 느껴졌다. 목사님이었다. 그 목사님은 내 머리에 손을 얹고 나를 위해 기도해 주셨다. 나는 기도하는 법도 잘 몰랐다. 그냥 울면서 소리내어 기도했다. 그렇게 오랫동안 기도하니 힘이 들어 쓰러지고 말았다. 그리고 기도하던 자리에서 그대로 잠이 들었다.

다음 날 아침에 일어나니 마음이 그렇게 평온할 수가 없었다. 말로 표현하기 어렵지만, 하나님께서 내 가운데 함께 하신다는 것을 느낄 수 있었다. 그날도 나는 계속 기도했다. 낮에 기도할 때도 그 전날 밤에 기도한 것처럼 성령이 함께하신다는 것을 알 수 있었다. 스리랑카는 더운 곳이다. 작열하는 태양 아래에서 한낮에 기도하니 더위를 먹어 쓰러지고 말았다. 더위를 먹어 쓰러졌는데도 내겐 더위가 느껴지지 않았다. 오히려 서늘한 기운마저 느낄 수 있었다. 마치 하늘을 나는 것 같았다. 세상과 나는 다 사라지고 마음속에는 하나님의 사랑, 그 아름다운 사랑만 가득했다. 난 일어나기도 싫고 눈도 뜨기 싫었다. 그냥 그대로 있고 싶었다.

목사님 한 분이 오셔서 내 머리에 손을 대고 나서야 나는 일어났다. 그 이후부터 나는 매일 기도했다. 방언으로 기도하는 시간도 많아졌다. 기도하는 빈도만 높아진 것이 아니라 기도하는 시간도 길어졌다. 내 주변 환경은 그대로였지만 어려움에 맞서는 힘이 강해졌다. 간혹 숨이 막힐 정도로 힘들 때도 있었

116

지만 그때에도 하나님이 나와 함께 하셔서 이겨낼 힘을 주신다는 것을 알게 되었다. 그 결과 고난의 한가운데에서도 행복을 맛볼 수 있었다.

또 하나님은 꿈을 통해서도 내게 말씀하시는 것 같았다. 첫째 아이의 돌이 지나고 두 달 정도 되었을 때였다. 어느 날 꿈속에서 이런 소리를 들었다.

"너는 곧 임신할 거야. 그리고 딸을 낳을 거야."

그 소리를 듣고 벌떡 일어났다. 벽시계를 보니 정확히 자정이었다. 옆에 있는 앤튼을 깨워 꿈 이야기를 해 주었다. 몇 주가 지나고 꿈 이야기는 거의 잊어버렸을 때였다. 꿈을 꾸었을 때만 해도 놀라긴 했으나 시간이 지나면서 관심도 사라졌다. 더구나 첫째 아이는 아직 어렸고 둘째 아이를 가질 준비도 되어 있지 않았기 때문이다.

늘 하던 대로 집안일도 하고 텃밭 농사도 지었다. 몸이 아프거나 피곤하지도 않았고 이상한 증세도 없었다. 몇 달이 지나서야 몸이 좀 이상한 것을 알아챘다. 혹시나 하는 마음에 산부인과에 갔더니 찾아가니 임신 2개월이라고 했다. 난 다시 한번 놀랐다. 그제야 몇 개월 전에 꾸었던 꿈이 떠올랐다. 임신 5개월이 지나자 병원에 갈 때마다 아이 성별을 물어보았다. 그때마다 병원에서는 항상 아직 잘 보이지 않는다고 답했다. 7개월이 되었을 때도 의사는 같은 말만 했다. 첫째 애의 경우는 임신 5개월이었을 때 사내아이라는 말을 들었다. 그런데 이번에는 계속 안 보인다는 말만 하니까 궁금증만 더해 갔다.

기도를 들으시는 하나님

출산이 한 두 달 앞으로 다가왔다. 부모님이 몹시 보고 싶었다. 아이를 낳을 때 어머니가 옆에 있었으면 좋겠다고 생각했다.

'어머니가 있으면 나를 돌봐주고 아직 어린 첫째 아이도 봐줄 수 있을 텐데.'

롬복 집에 가고 싶었으나 여유가 없었다. 갑자기 한 방법을 생각해 냈다. 내가 한국에 있을 때 보낸 돈으로 롬복에서 작은 가판점을 산 적이 있다. 그것을 팔라고 가족에게 부탁했다. 가판점이란 키오스크라고 부르는데 거기서는 잡다한 물건을 판다. 우리가 산 가판점은 물건을 살 돈이 부족해서 이미 문을 닫은 상태였다. 키오스크를 판 돈을 내게 보내주면 그것으로 항공권을 사서 롬복으로 가겠다는 것이 내 계획이었다.

가판점이 팔리자 어머니께서 돈을 보내셨다. 그 돈으로 첫째 아들 지산(Jisan)과 배 속에 있는 8개월 된 아이와 함께 롬복으로 가는 비행기에 오를 수 있었다. 롬복에 도착하자마자 나는 병원으로 향했다. 첫 아이를 제왕절개로 출산했다고 하자

의사는 그렇다면 둘째도 수술을 해서 낳아야 한다고 했다. 난 수술로 아이를 낳고 싶지 않았다. 수술을 또 하는 게 무섭기도 했지만, 그보다는 경제적 이유가 컸다. 가게를 판 돈으로는 왕복 비행깃값만 겨우 충당할 수 있었다. 만일 내가 수술을 받게 되면 스리랑카로 돌아갈 비용이 사라진다. 다른 병원에도 가보았지만 모두 같은 말을 했다. 하는 수 없이 나는 작은 조산소를 찾아가 보았다. 조산소에는 의사가 없고 산파와 조수만 있었다. 산파는 내 사연을 듣더니 이렇게 말했다.

"될지 안 될지는 모르겠지만 일단 한 번 봐요. 나중에 애 낳을 때가 다 되면 그때 다시 오세요."

막달이 된 어느 날, 낮에 드디어 산통이 시작되었다. 너무 아파 견딜 수 없었지만, 다음 날 아침까지 참다가 산파에게 갔다. 산통이 심해지자 산파는 나에게 계속 걸으라고만 했다.

"제왕절개 수술을 받았던 산모가 다음 아이를 자연분만하려면 산모 스스로 노력해야 아이가 나와야 해. 내가 섣불리 돕다가 무슨 일이라도 생기면 나도 큰일이고 겁나. 그렇게 계속 걷다가 애가 나오면 다행이고 정오까지도 애가 안 나오면 어쩔 수 없이 병원에 가서 수술을 해야 할 거야."

시간은 계속 흘러 어느새 오전 열 시가 되었다. 난 침대에 누워서 내 앞에 걸려 있는 벽시계를 바라보았다. 아이가 나오지 않을까 봐 걱정되었다. 하지만 한편으로는 예수님이 나와 함께 하시고 또 나를 그냥 내버려 두지는 않을 것이라는 확신이 있었다. 나는 벽시계를 바라보며 계속 소리를 내어 기도했다.

"하나님, 항상 그랬듯이 이번에도 나를 도와주세요. 수술하지 않고 자연분만으로 아이를 낳고 싶어요. 수술을 할 돈이 없어요. 모든 걸 들으시는 하나님인 걸 알아요. 그리고 하나님은 모든 걸 하실 수 있는 분이시잖아요. 저를 내버려 두지 마세요."

벽시계가 열한 시를 가리켰다. 가슴이 쿵쾅쿵쾅 뛰었다. 산파는 내 발치에 그저 앉아 이런 말만 했다.

"힘을 내, 스스로 아이를 낳아야 해. 붙잡고 도와주고 싶지만 그렇게는 못 할 것 같아."

산파는 산모를 도와주었다가 잘못되면 자신에게 돌아올 책임이 두려워 적극적으로 날 돕지 못했다. 어머니도 내 머리맡에 앉아 기도하면서 나를 안심시켰다. 오전 11시 20분이 되었다. 정오까지 얼마 남지 않아 더 긴장되었다. 벽시계를 보면서 계속 기도했다.

"주 예수님. 하나님. 나는 당신의 자녀입니다. 제가 이곳에서 하나님을 부릅니다. 11시 30분이 다 되어갑니다. 하나님. 지금 나에게 와 주세요. 전 수술을 할 수 없어요."

눈물을 흘리고 기도하면서 힘을 냈다. 11시 32분, 마침내 아이가 나왔다. 제일 먼저 아기의 성별을 확인했다. 딸이었다. 하나님께 감사를 드렸다. 꿈에서 들은 그대로 이루어진 것이다. 산파도 내 산고와 노력에 감동했는지 누워있는 내 발을 붙잡고 울었다.

나는 곧바로 앤튼에게 전화해서 이 소식을 알렸다. 산파는 나와 아이를 씻기고, 또 우리 둘의 몸 상태를 점검했다. 수술했더라면 의사가 살펴보았겠지만, 수술하지 않았으니 산파가 아이를 살펴보았다. 겉보기에 큰 문제는 없는 듯했다. 그래서 그날 저녁에는 집에 돌아갈 수 있었다.

롬복에서 아이를 낳고 산후조리를 하고 새로 태어난 딸을 돌보았다. 몇 달이 지났을 때 첫째 아들 지산이 갑자기 아팠다. 발에서부터 무릎까지 피부에 붉은 발진 같은 것이 뒤덮었다. 당황스러웠다. 뭘 어떻게 해야 하나? 그날 밤 자기 전에 또 어떻게 해야 할지 알려달라고 기도했다. 그리고 꿈을 꾸었는데 꿈속에서 킹 코코넛 (king coconut, 인도네시아어로는 kelapa gading) 세 개를 보았다. 잠에서 깨자마자 이 꿈의 의미가 무엇인지 곰곰이 생각했다. 정확한 의미는 알 수 없지만 킹 코코넛을 사용해야 할 것 같다는 생각이 들었다.

'아이에게 킹 코코넛 물을 마시게 하고 그 물에 발을 담가 씻어주면 어떨까?'

아침이 되자마자 아버지에게 킹 코코넛 열매 세 개를 구해 달라고 부탁했다. 부탁대로 아버지께서는 코코넛을 가지고 오셨다. 이것도 하나님의 은혜라는 생각이 들었다. 우리 동네에선 킹 코코넛이라는 것이 언제든지 있는 것이 아니었다. 보통 코코넛은 많았지만 킹 코코넛은 찾기는 어려웠다. 그런데 그날은 아버지가 큰 어려움 없이 킹 코코넛을 찾아 원하는 개수만큼 가지고 오셨다. 할렐루야!

그날 밤, 기도하면서 코코넛 하나를 쪼개 물을 아이에게 주어 마시게 하고, 또 그 물을 두 발에 발랐다. 다음 날 아침이 되니 붉은 발진이 조금 옅어진 것 같았다. 둘째 날에도 코코넛 하나를 또 갈라서 똑같이 했다. 그렇게 하루가 또 지나니 발진이 옅어져서 희미해졌다. 셋째 날 마지막 코코넛으로 발에 발라주고 하루를 기다렸다. 놀랍게도 다음 날 아침이 되니 발진이 완전히 사라졌다.

이 사건은 하나님은 정말 전지전능하신 분이시라는 것을 경험하는 계기가 되었다. 하나님은 내가 전혀 생각지도 못했던 방법으로 나를 인도해 주셨다. 롬복에 있을 때, 그리스도인은 나 혼자였고, 가족을 포함하여 주위 사람은 모두가 무슬림이었다. 전에는 나도 그들 중 하나였다. 그런데 지금은 내가 유일한 그리스도인이었다. 마치 내가 섬이 된 것 같았다. 그 가운데서도 나는 하나님께서 나와 함께 하심을 느낄 수 있었다. 하지만 그때까지도 난 내 신앙을 가족에게 드러낼 용기가 없었다. 그러다 보니 드러내놓고 기도하고 성경을 읽을 수가 없어서 몰래 했다.

아이를 낳고 조리하고 키우면서 롬복에는 일 년 정도를 머물렀다. 남편이 와서 나와 아이들을 데려가기를 기다려야 했다. 젖먹이와 큰아들을 데리고 스리랑카까지 나 혼자 힘으로 가기가 어려웠다. 2011년 3월, 남편이 우리를 데리러 롬복에 왔다.

그런데 그 무렵 미스터 양이 말레이시아에 연수차 온 가족과 함께 와서 살고 있었다. 롬복에서 스리랑카행 최저가 항공은 말레이시아 쿠알라룸푸르를 경유한다. 미스터 양은 우리 가족 모두를 스리랑카에 가는 길에 자기 집에 들러 함께 머물다 가라고 초대했다. 비행기를 타고 쿠알라룸푸르 제2공항에 내리니 미스터 양이 마중을 나와 있었다. 우리 부부가 한국을 떠난 지 6년 만에 다시 보는 것이다. 그것도 한국도, 인도네시아도, 스리랑카도 아닌 말레이시아에서. 다만 이번에는 나와 앤튼, 미스터 양과 미스 박 네 명이 아니고, 양쪽 아이들까지 더하여 여덟 명으로 늘었다.

우린 미스터 양의 집에서 일주일을 머물렀다. 우리에게는 정말 큰 즐거움이었다. 또 이렇게 만난 것이 하나님의 기적이요 은혜라는 생각이 들었다. 말레이시아에서는 미스터 양 가족이 출석하는 한인교회에도 함께 가서 예배를 드리고 다른 한국인 교인들도 소개를 받았다. 한국 사람을 만나는 것도 한국 음식을 먹는 것도 오랜만이었다.

말레이시아에 머무는 동안 미스터 양의 차에 두 가족이 포개어 타고 여러 곳을 함께 갔다. 공원에도 가고 멋진 건물이 많은 말레이시아의 행정수도 푸트라자야도 갔다. 짧은 시간이었지만 말레이시아에서의 한가하고 여유로운 시간이 우리에게는 선물과도 같았다. 하나님과 주 예수님의 끝없는 사랑과 은혜가 느껴지는 순간들이었다. 그렇게 꿈 같은 일주일을 보내고 우린 우리 집이 있는 스리랑카로 다시 향했다.

살아계신 하나님이 말씀하시다

그렇게 다시 스리랑카에서의 생활이 시작되었다. 생계를 이어가기 위해 우리는 의류 판매 사업을 해 보기로 했다. 하지만 사업은 쉽지 않았다. 다른 사업도 해 보았지만 마찬가지였다. 이것저것 시도해 보아도 모두 성과가 없었다. 오히려 사업을 하느라 빌린 돈이 불어나며 경제적으로 더 큰 부담만 지게 되었다. 왜 하는 일마다 다 이렇게 되지 않는지, 왜 나에게만 이런 어려움이 항상 닥치는지 이해할 수 없었다. 그렇지만 절망하지 않고 이 모든 고난 뒤에는 하나님의 아름다운 계획이 있을 것이라고 믿었다. 마음이 약해지고 기도하기 어려울 때도 있었지만 마음속 깊은 곳에는 언제나 하나님께서 함께하신다는 믿음이 있었다.

시도해 본 사업은 다 안 되고 수입은 필요하고 해서 앤튼은 호텔에 일자리를 구했다. 한국에 일하러 오기 전에도 앤튼은 호텔에서 일한 적이 있었다. 하지만 거기서 나오는 수입도 충분하지 않아 경제적 곤궁함은 여전했다. 끝이 보이지 않는 어려움에서 빠져나갈 길을 보여 달라고 나는 항상 기도했다. 그러던 차에 어떤 목사님께서 우리 집에 기도해 주러 오신 일이 있었다. 함께 기도하다가 나와 남편 앤튼, 그리고 우리 가족은 모든 일을 주님께 맡기고 주의 일을 행해야 하겠다는 결단을 하게 되었다.

앤튼은 다시 성경학교를 다니기 시작했다. 앤튼은 생업과 경제적 곤궁함에 성경학교 과정을 마치지 못하고 중단했었다. 앤튼은 이제 어떤 일이 있어도 성경을 공부하러 가겠다고 마음을 먹었다. 성경학교 과정은 혹독했다. 앤튼은 한 달 동안 꼬박 집에도 오지 않고 연락도 못 하고 공부를 했다. 아이들을 먹여야 했으므로 나는 주전부리 거리를 만들어서 가게나 학교 매점에 내다 팔았다. 여기에도 하나님께서 함께하셨다. 매일 음식을 만들고 사줄 곳을 찾아다니느라 밤늦게까지 일할 때가 많았지만 어린 두 아이는 한 번도 투정을 부리거나 울거나 한 일이 없다. 마치 아이들이 부모의 사정을 알고 헤아리는 것 같았다.

어느 날, 순하디순하고 말도 잘 듣던 딸아이의 발목이 이상

했다. 크게 부어오르더니 나중에는 걷지 못할 정도가 되었다. 너무 아픈지 아이는 온종일 울었다. 남편도 없는데 어쩌나 싶었다. 병원에 갈 돈도 없었다. 결국 또다시 기도에 의지할 수밖에 없었다. 딸 잉까(Inka)를 안고 무릎을 꿇은 채 한 시간 동안 기도했다. 하나님 앞에서 울며 자비와 은혜를 구했다. 기도를 마쳤는데 친척 시누이가 아이를 데리고 왔다. 보니까 시누이 아이도 아파서 병원에 데려가려는 것이었다. 시누이는 자기 아이와 함께 잉까도 데려가자고 했다. 난 병원에 아이를 데려가고 싶었지만, 시누이에게 미안해서 앤튼이 집에 없어서 가지 않겠다고 말했다. 시누이는 내 마음을 알아채고는 물러서지 않고 잉까도 병원에 데리고 가자고 했다.

못이기는 척 아이를 데리고 병원에 갔는데 의사도 만나기 전에 하나님께서 기도에 응답해 주셨다. 갑자기 아이의 발에 있던 모든 죽은 피가 다 나오더니 부어오른 것도 가라앉았다. 기도를 하긴 했지만, 막상 응답이 이렇게 나타나는 것을 보니 놀라지 않을 수 없었다. 하나님께서 앤튼도 없고 돈도 없는 가운데 모든 어려움 속에서도 나와 함께 하신다는 것을 알려주신 것 같았다.

그날 밤중에 잠결에 누군가 내 이름을 부르는 소리를 들었다. 깜짝 놀라 일어나 주위를 둘러보았다. 내 이름을 부른 사람은 아무도 없었다. 그날 밤만이 아니었다. 다른 날 밤에도 또 누군가 내 이름을 불렀다. 나는 '네'라고 대답하고는 잠이 깼다.

하지만 이번에도 역시 아무도 없었다. 나는 잠시 가만히 있다가 주위를 둘러보았다. 어쩌면 내가 꿈을 꾸고 있는 것인지도 모른다는 생각이 들었다. 그때에도 그냥 잤는데 또 다른 날 역시 누군가가 나를 불렀다. 그리고 이번에는 그 목소리가 다른 날과는 달리 분명하게 이렇게 얘기했다.

"나는 나다. 모든 만물 위에 있는 지극히 큰 이다."

그렇게 말하고 그 목소리는 사라졌다. 그 소리를 듣고 난 잠자리에서 일어났다. 두렵기도 했지만 기쁘기도 했다. 하나님께서 나를 만나러 와 주셨다는 생각이 들었기 때문이다.

하나님은 실재하시고 나와 함께 하신다는 것을 알려주심으로써 나를 위로하셨다. 삶이 힘들고 어려울 때도 그날 이후로는 외롭거나 혼자라고 느껴본 적이 없다. 그분은 정확한 시간에 나에게 찾아와 주셨고 내가 계속 기도하고 더 많이 기도하기를 원하신다는 마음을 주셨다. 언젠가는 목사님이 나를 위해 기도하며 성령님이 '내가 더 많이 기도하면 하나님께서 모든 기도에 응답해주실 것'이라고 말씀하신다고 하셨다.

앤튼은 성경학교 과정을 마치고 교회에서 주일 기도회를 인도하는 등 평신도 지도자로서의 임무를 맡았다. 또 우리 부부는 자주 목사님과 함께 신도들 가정을 방문했다. 심방을 갔던 집 가운데엔 새로 예수님을 믿게 된 사람들도 많았다. 우리는 목사님과 함께 각 가정을 방문해 신도들이 믿음 가운데 굳건히 서서 성장하기를 바라며 기도하고 권면했다. 앤튼과 나는 그런 것들을 사명으로 여기며 하나님의 일에 참여했다.

교회에서 맡은 역할을 주님의 일로 여기고 행하는 것은 아주 보람이 있었다. 그러나 생계를 위해 별도의 일을 해야 했다. 그래서 남편은 다시 호텔로 돌아가 일을 계속하였다. 일요일에는 쉬고 사역을 위해 필요한 경우에는 휴가를 받는 조건이었다. 주님의 일을 한다고 일상의 어려움에서 저절로 벗어나는 것은 아니다. 무엇보다 경제적 어려움이 지속되었다. 고난 속에서도 우리 가족에게는 그 어려움을 이겨나갈 힘과 하나님의 위로가 있었다. 문제를 맞닥뜨렸을 때도 우린 외롭지 않았다. 하나님께서 우릴 버려두지 않으셨음을 알고 있었다.

우리가 정말 어려움 가운데 짓눌려 있어서 아무 힘도 쓰지 못할 때 바로 그 정확한 순간에 하나님은 찾아오셨다. 어느 해인가 크리스마스를 앞둔 12월이었다. 아들 지산이 불쑥 이런 말을 했다.

"엄마, 다른 집에는 다 크리스마스트리가 있는데 왜 우리 집은 없어요?"

이 말을 듣자 내 마음이 부서지며 툭 내려앉았다. 그리고는 이렇게 대답했다.

"너무 슬퍼할 필요 없어. 우리도 살 거야. 하지만 그 전에 하나님께 우리도 트리를 살 수 있게 해 달라고 기도하자."

그 날밤 기도를 마치고 잠이 들었는데 꿈속에서 불현듯 어떤 목소리를 들었다.

"내일 세시"

이게 전부였다. 아침이 되자 남편에게 꿈 이야기를 했다. 그러나 그 의미가 무엇인지는 나도, 앤튼도 알 수가 없었다.

그날 낮에 아이들의 고모부뻘 되는 친척이 시내에 가서 물건을 살 건데 남편에게 같이 가자고 했다. 그러자 남편은 버스 요금도 없다고 답했다. 그 말은 사실이었다. 그 당시 우리 수중에는 7루피 밖에 없었다. (한화로 100원도 안 됨) 고모부는 버스비를 내준다며 같이 가자고 거듭 말했다. 하는 수 없이 앤튼도 따라나섰다. 시내에 도착했을 때, 앤튼은 현금인출기에 가서 현금카드를 넣어 보았다. 계좌에 돈이 없는 것이 뻔한데도 전날 내 꿈 이야기도 생각나고 해서 혹시나 하는 마음에서였다. 그런데 잔액을 확인하고 앤튼은 깜짝 놀라고 말았다. 화면에 잔액이 7만 5천 루피가 있다고 나온 것이다. (환율에 따라 다르지만, 한화로 약 40~50만 원 정도.)

앤튼은 현금인출기 화면을 보고도 자기 눈을 믿을 수 없었다. 남편은 그 즉시 내게 전화를 해서 이 사실을 알렸다. 갑자기 계좌에 돈이 들어와 있다는 말을 들은 나는 순간적으로 시계를 쳐다보았다. 오후 세 시였다. 나 역시 놀라지 않을 수 없었다.

'아, 이런 의미였구나!'

그래도 갑자기 생긴 큰돈이라 조심해야 한다는 생각이 들었다. 앤튼에게는 이 돈 출처를 확인한 후에 찾아서 쓰자고 했다. 여기저기 수소문을 해 보니 우리 친구 중 하나인 미스터 양이 보내온 돈이었다.

하나님은 정말 너무 좋으시고 놀라우신 분이시다. 어제까지만 해도 우리 수중엔 백 원도 없었는데. 우리 집에는 왜 크리스마스트리가 없냐는 아들의 말에 기도하자는 말밖에 할 수가 없었는데. 이제 트리도 사고 성탄을 맞아 아이들 새 옷도 사줄 수 있게 되었다. 이렇게 크리스마스를 보낼 수 있게 되니 아이들은 이렇게 뛸 듯이 좋아했다.

정말 우리가 겪은 어려움은 말로 다 할 수 없다. 그러나 은혜가 풍성한 하나님은 그때마다 우리에게 오셨다. 하나님이 필요한 바로 그 시간에 정확히 우리 옆에 계셨다. 하나님은 우리를 내버려 두지 않으셨다. 하나님을 모르는 사람들 앞에서 우릴 부끄럽게 하지 않으셨다. 고난 가운데에서 하나님은 항상 기적적으로 일하셨다.

쿠알라룸푸르에서
바이끄 가족을 만나다

2011년, 우리 가족은 말레이시아 쿠알라룸푸르에 있었다. 당시 나는 회사 연수 프로그램으로 대학원 공부를 하는 중이었다. 그때 바이끄가 롬복에서 둘째를 낳고 앤튼도 롬복에 와서 함께 지내다가 스리랑카로 돌아간다는 얘기를 들었다.

롬복에서 스리랑카로 가려면 말레이시아를 경유해야 한다. 자카르타를 거쳐 스리랑카로 가는 항공편도 있지만, 말레이시아에 근거지가 있는 저비용항공사 비행편이 가장 싸기 때문이다. 우리 가족이 쿠알라룸푸르에 있지 않았더라면 앤튼과 바이끄 가족은 말레이시아를 그냥 거쳐 갔을 것이다. 그러나 우리가 쿠알라룸푸르에 있으니 우리 집에 와서 좀 머물다 가라고 말하는 것은 당연했다.

약속한 날 쿠알라룸푸르 제2 국제공항에 앤튼과 바이끄 가족을 마중하러 갔다. 한국에서 헤어진 지 5년 만이었다. 5년 전에는 앤튼이 많이 아팠다. 바이끄와 앤튼과 다시 만날 기약이 없는 상태에서 각각 자기 나라로 돌아갔다. 그런데 서로 가족을 이루어 말레이시아에서 다시 만나게 되었다. 서로의 얼굴에서 5년이라는 세월을 확인했다. 앤튼은 살도 좀 불어있었다. 처음 만난 조카인 지산과 잉카는 '누구지?' 하는 표정으로 낯선 아저씨인 나를 바라보았다.

집에 돌아와 보니 앤튼과 바이끄 가족은 바로 다음 날 출발하는 스리랑카행 비행기표를 사서 가지고 있었다. 아마 우리에게 폐를 끼치지 않기 위해서 그렇게 일정을 짰을 것이다. 하지만 5년 만에 만나는 것이고, 언제 또 만날 수 있을지 모르는데 그렇게 하루만 있다 가라고 할 수는 없었다. 내가 알아서 하겠다고 말하고 일주일 뒤에 출발하는 비행기표를 다시 구매했다. 저비용항공편은 가격이 싼 대신에 환불과 일정 변경이 어렵다. 아깝지만 원래 항공권은 포기할 수밖에 없었다.

그렇게 바이끄의 가족과 우리 가족을 합한 여덟 명은 일주일을 함께 지냈다. 십 년 된 고물 중고차에 다들 끼어 타고는 쿠알라룸푸르와 인근 여기저기를 다니기도 하고 맛있는 것도 함께 사 먹기도 하고 만들어 먹기도 했다. 일주일 동안 우리는 말 그대로 한솥밥을 먹는 식구였다.

어느 날인가 앤튼이 아침 식사 때 이렇게 기도했다.

"하나님, 제가 병들어서 구로동에 있는 병원에 누워있을 때 누가 나를 찾아오고 돌보았습니까? 다른 사람들이 나를 돌아보지 않을 때 미스터양이 나를 찾아와 주었습니다."

아울러 하나님께 나와 우리 가족을 축복해 주시기를 구했다. 그 기도를 듣고 마태복음 25장[11] 말씀이 떠올랐다. 예수님께서는 '형제 중에 지극히 작은 자 하나에게 한 것이 곧 내게 한 것이니라' 하고 말씀하셨는데 어쩌면 5년 전에 내가 앤튼을 돌아보면서 예수님을 섬긴 것일지도 모른다는 생각이 들었다.

또 다른 날에는 바이끄가 이런 말을 했다.

"미스터 양, 항상 우리에게 이렇게 해 주는데 우리는 그걸 갚을 능력이 없어요. 미스터 양과 가족을 위해 기도하는 것 말고는 할 수 있는 게 없어요."

이 말을 들으니 누가복음 14장[12] 말씀이 떠올랐다. 이 세상에서는 달리 갚을 길이 없는 이웃과 친구를 돕는 것이 복이다. 어쩌면 나와 우리 가족이 받는 복에는 앤튼 가족을 돕는 데서 오는 몫도 있을 거라는 생각이 들었다.

앤튼 가족이 우리와 함께 머문 지 일주일 정도가 지나고 돌아갈 때가 되었다. 쿠알라룸푸르에서 스리랑카 콜롬보로 가는 비행편은 너무 이른 시간에 잡혀 있었다. 아침 여섯 시 출발이다. 그럼 공항에는 한 네 시 정도까지는 가야 하고 우리 집에서 공항까지 거리가 60km나 되기 때문에 차로 한 시간은 가야 한다. 마음 졸이지 않고 여유 있게 가려면 새벽 두 시 반에는 출발

11 (마 25:37-40) 이에 의인들이 대답하여 이르되 주여 우리가 어느 때에 주께서 주리신 것을 보고 음식을 대접하였으며 목마른 것을 보고 마시게 하였나이까. 어느 때에 나그네 되신 것을 보고 영접하였으며 헐벗으신 것을 보고 옷 입혔나이까. 어느 때에 병드신 것이나 옥에 갇히신 것을 보고 가서 뵈었나이까 하리니. 임금이 대답하여 이르시되 내가 진실로 너희에게 이르노니 너희가 여기 내 형제 중에 지극히 작은 자 하나에게 한 것이 곧 내게 한 것이니라 하시고. (개역개정)

해야 한다는 얘기다. 그래서 일찍 자고 두 시경 일어나서 간단하게 씻고 짐 챙기는 것만 마무리해서 나가기로 하였다.

계획대로 힘겹게 새벽 두 시에 일어나서 앤튼과 바이끄 가족에게 내준 방 쪽으로 가니 불이 켜져 있었고 소리도 들렸다. 앤튼이 이미 일어나서 무릎을 꿇고 기도하고 있었다. 아마 스리랑카에서 사용하는 싱할라어로 기도했던 것 같다. 알아들을 수 없었지만 중간중간 '미스터 양'이라는 말이 나오는 것으로 보아서 나와 우리 가족을 위해서 기도한다는 것은 알 수 있었다.

차를 타고 가면서 이 얘기 저 얘기 하는데 앤튼과 바이끄가 그렇게 나와 우리 가족, 그리고 우리 부모님을 위해서도 계속 기도하고 있다는 것을 알게 되었다. 물론 얘기를 안 했어도 알았겠지만, 막상 그 새벽에 기도하는 소리를 직접 들으니 또 느낌이 달랐다. 바쁜 생활 속에 때로 우리는 앤튼, 바이끄 가족을 잊고 지내더라도 스리랑카에 있는 우리 친구들 기도에 우리가 빠지는 법이 없다는 걸 우린 알고 있다. 문득 이런 생각이 들었다.

'나와 우리 가족이 누리는 복은 기본적으로 하나님께서 값

---

12 (눅 14:13-14) 잔치를 베풀거든 차라리 가난한 자들과 몸 불편한 자들과 저는 자들과 맹인들을 청하라. 그리하면 그들이 갚을 길이 없으므로 네게 복이 되리니 이는 의인들의 부활시에 네가 갚음을 받겠음이라 하시더라 (개역개정)

없이 주시는 은혜이지만, 그래도 그 복 중 일부는 앤튼과 바이끄를 섬길 기회에서 오는 것이며 매일 앤튼과 바이끄가 우리를 위해 기도하는 데서 오는 것이 아닐까?'

앤튼과 바이끄 부부는 우리에게 받기만 하고 갚아 돌려주지 못한다고 하며 미안해하지만, 이들은 가장 귀한 것으로 나와 우리 가족에게 갚고 있다. 지금도 우리 친구들은 스리랑카에서 항상 우리를 생각하며 기도하고 있다는 것을 우리는 알고 있다.

4

다시 롬복

"하나님, 우리 가족의 죄를 용서해 주세요. 나를 구원해 주신 것처럼 우리 가족을 구원해 주세요. 우리 가족이 하나님을 알고 믿을 수 있도록 하나님의 길을 열어 주세요. 가족 모두가 그 길, 하나님의 길을 따를 수 있도록 해 주세요. 하나님만이 모든 길을 아십니다. 우리 가족에게 이정표를 주세요. 저는 말을 잘하는 사람이 아닙니다."

가족을 위한 기도

나는 세 자매 중 첫째이다. 막냇동생은 1983년 2월생으로 나보다 여덟 살 어리다. 이 동생도 나처럼 신을 두려워하고 이슬람에서 가르치는 종교적 의무를 충실하게 수행했다. 난 집안의 첫째이고 제일 먼저 예수님을 믿었다. 이제 내 소망은 우리 가족 모두가 예수님을 믿고 구원을 얻는 것이다. 그러나 이 일은 절대 쉽지 않다. 특히 나처럼 무슬림 가정에서 자라난 사람이 기독교 신앙을 갖게 되면 예수를 전하는 것은 고사하고 그리스도인이 되었다는 사실을 알리는 것조차도 매우 힘들다. 나 역시 용기가 없었다. 만일 가족이 알게 되면 큰 문제가 될 것이 분명했다. 부모님이 슬퍼할 것은 말할 필요도 없고 온 가족이 나를 배척할 것이다. 어쩌면 내가 사랑하는 가족을 다시는 못 볼수도 있다.

가족은 나에게 모든 것이었다. 또한 신앙도 나의 모든 것이다. 무슬림 가정에서 자란 사람은 가족과 신앙을 별개로 생각하지 않는다. 가족과 신앙, 이 문제는 항상 내게 무거운 짐이었다 무슨 일을 하더라도 이 생각을 떨칠 수 없고 그로 인해 마음이 편한 적이 없다.

가족을 만나 사실을 털어놓게 된다면 무슨 말을 어떻게 꺼내야 할지 아득했다. 나는 말하기에 능한 사람이 아니다. 기독교 신앙에 대해 조리 있게 설명하고 설득할 자신이 없었다. 무엇보다 내가 이슬람 신앙을 버린 것을 가족들이 알면 놀라고 화가 날 것이다. 그래서 묵묵히 가족을 위해 기도할 따름이었다. 가족을 위한 나의 기도는 수년간 이어졌다.

"하나님, 우리 가족의 죄를 용서해 주세요. 나를 구원해 주신 것처럼 우리 가족을 구원해 주세요. 우리 가족이 하나님을 알고 믿을 수 있도록 하나님의 길을 열어 주세요. 가족 모두가 그 길, 하나님의 길을 따를 수 있도록 해 주세요. 하나님만이 모든 길을 아십니다. 우리 가족에게 이정표를 주세요. 저는 말을 잘하는 사람이 아닙니다."

내가 신앙을 갖게 되었을 때부터 기도할 때마다 가족을 위해 했던 기도이다. 내 기도 제목에서 가족을 위한 기도는 절대 빠질 수 없었다.

2011년 말, 결혼 후 스리랑카에 가서 살기 시작한 지 얼마 되지 않았을 때의 일이다. 막냇동생이 고열로 병원에 갔다는 소식을 들었다. 약을 먹어도 차도가 없고 오히려 얼굴이 붓기 시작했다는 것이다. 증상이 심상치 않다는 것을 확인한 의사는 동생을 전문의에게 보냈다. 전문의 역시 정확한 진단을 내리지 못했다. 결국 동생은 가톨릭 재단이 운영하는 병원에 입원해야 했다. 동생이 몹시 걱정되었다. 또 한편으론 동생이 가톨릭 병원에 입원했으니 어쩌면 틈을 타서 예수에 관해 이야기할 수 있을지도 모른다는 생각이 들었다. 먼저 병세가 차도가 보여야 했다. 다행히 좀 나아지자 나는 전화로 물었다.

"입원실에 십자가에 달린 예수상이 있니?"

가톨릭 병원이니 예수상이 있을 것이라는 생각에 한 질문이었다. 예수상을 두는 것은 개신교에 없는 가톨릭 전통이나 이런 식으로 이야기를 시작하면 좋겠다는 생각이 들었다.

"응 있어, 바로 앞에 있네. 일어나서 눈을 뜨면 바로 보이는 곳에 있어."

"너, 예수상에 대해 이상하게 생각하지 마. 그건 그냥 상징일 뿐이야. 기독교인이라고 해서 거기에 절하거나 그걸 섬기는 건 아니야."

동생이 묻지도 않는 말을 한 데에는 이유가 있다. 무슬림은 성상이나 형상을 숭배하는 것에 대해 상당한 반감을 품는다는 것을 알기 때문이었다. 또 많은 무슬림은 개신교와 가톨릭도 정확히 구분하지 못한다. 나는 동생이 기독교 신앙에 대해 오해하지 않도록 예수상에 관한 이야기를 한 것이다. 내 딴에는 오해를 방지하기 위해 꺼낸 주제이기도 하다.

여하튼 이 말을 시작으로 기독교와 성경, 예수에 대해 여러 가지 이야기를 할 수 있었다. 나는 매일 문자 메시지를 보내서 동생에게 설명했다. 그런데 동생은 내 문자에 답을 도무지 하지 않았다. 답을 하지 않더라도 내가 보낸 것을 읽기만 한다면 그것으로 충분하다고 생각했다. 한 번인가 동생으로부터 답장이 오긴 했다.

"언니, 벌써 된 건 아니지? 그거…?"

'그거'라니? 동생은 기독교인이라는 단어를 사용하는 것 자체를 싫어했다. 그런데도 언니가 이슬람을 떠나 기독교인이 된다면 그건 상상도 할 수 없는 일이었을 것이다. 그래도 난 계속 문자를 보냈다.

열이 좀 내려서 동생은 퇴원하게 되었다. 하지만 퇴원 전 마지막 검사에서 의사가 이상한 점을 발견하였다. 머리카락이 빠지는 것을 확인한 것이다. 그래서 동생은 혈액검사를 포함하여 검사를 다시 받아야 했다. 진단 결과는 루푸스였다.[13] 의사는 약을 주고 동생을 퇴원시켰지만, 상태는 더 나빠지기만 했다. 얼굴과 온몸에는 여드름 같으면서 고름이 든 종기가 났다. 고통이 심하다 보니 잠도 잘 이루지 못했다. 극심한 두통에 손발은 마치 타는 것처럼 뜨거웠다. 아플 때마다 단지 비명을 지를 뿐 다른 방법이 없었다.

이 모든 소식을 듣기만 할 뿐 멀리 떨어져 있는 나로서는 도울 방법이 없었다. 동생을 생각하면 애통하고 가슴이 메었다. 내가 할 수 있는 것은 하나님의 크신 은혜를 바라며 매일 기도하는 것이었다. 어머니는 고통스러워하는 동생을 차마 볼 수 없어서 돈을 모아서 동부 자바의 주도인 수라바야(Surabaya)에 있는 큰 병원에 가려 한다는 말을 전해 주었다. 바로 이틀 후 바로 출발할 것이라고 했다. 동생의 병도 걱정이지만 부모님이 동생을 데리고 수라바야에 가는 것 역시 걱정이 되었다. 부모님은 평생 거의 롬복섬, 우리 동네 밖을 벗어난 적이 없기 때문이다.

수라바야는 자바섬에 있는 큰 도시이다. 그곳엔 친구, 친척, 지인이 하나도 없다. 그런데 그곳에서 과연 환자인 동생을 데리고 잘 다니실 수 있을지 너무 걱정되었다. 염려 때문에 잠도 잘 오지 않았다. 자려고 누웠다가 자정에 일어나서 기도했다.

---

13 루푸스는 면역항체가 자기 몸을 공격하는 자가면역질환이며 젊은 여성에게서 많이 발생한다. 홍반과 함께 피부를 주로 공격하는 유형이 있고 몸의 여러 장기를 공격하는 유형이 있다. 증상과 경과는 환자마다 다르게 나타난다. - 다음(Daum) 질병백과 참조

"하나님, 제 동생의 죄를 용서해 주세요. 지금 그 아이는 너무 아파요. 동생을 지으신 분은 바로 하나님이십니다. 또, 하나님만이 제 동생을 고치실 수 있습니다. 몸에서 고통이 사라지게 해 주세요. 가족이 수라바야에 있는 병원에 가지 않아도 되게 해 주세요. 부모님도 동생도 다른 섬에, 다른 도시에 가본 적이 없어요. 거기서 헤매고 고생하는 것을 볼 수가 없어요. 이 밤에 제 모든 기도에 응답해주세요. 제 기도를 들어 응답하시겠거든 징표를 보여주세요. 내일 아침, 동생의 상태가 좀 나아지면 기도 응답으로 알게요. 예수님의 이름으로 기도합니다."

그렇게 한 시간 동안 무릎을 꿇고 기도했다. 기도하고 나니 마음이 편안해졌다. 그리고 하나님께서 내 모든 부르짖음을 들으셨다는 확신이 들었다. 다음날, 나는 기다리지 못하고 새벽같이 일어나서 어머니에게 전화를 걸었다. 일이 어떻게 되었는지 궁금했다. 어머니는 수라바야에는 가지 않게 되었다고 말씀하셨다. 종기가 다 터지고 고름도 흘러 나와서 이제 덜 아프고 몸도 좀 나아졌다는 것이다. 난 울면서 기도에 응답하여 주신 하나님께 감사를 드렸다.

"에를린, 예수님이 널 사랑하셔"

동생은 주치의에게 가서 검사를 받았다. 앞으로 매주 가서 진찰을 받고 혈액과 소변 검사도 받아야 했다. 일요일마다 나는 목사님께 동생을 위해 기도해 달라고 부탁했다. 나 또한 기도 때마다 동생의 치유를 위한 기도를 빠뜨리지 않았다. 아울러 동생과 다시 만날 수 있게 해 달라는 기도도 잊지 않았다. 결혼 허락을 받을 때만 해도 형편이 되면 자주 찾아뵙겠다고 아버지께 약속했지만 지키지 못했다. 동생이 아파서 보고 싶어도 롬복까지 갈 여비를 마련할 형편이 되지 못했다.

몇 달이 지나자 동생의 상태는 조금씩 나아졌다. 피부가 완전히 좋아져서 다 나은 것 같았다. 약도 먹을 필요가 없게 되었다. 하지만 어느 날, 목사님이 동생을 위해 기도하실 때, 하나님께서 이런 마음을 주시는 것 같았다.

'동생을 위해 계속 기도하라. 이 질병이 몸 일부나 장기를 망가뜨리게 될 수도 있다.'

그래서 매일 동생을 위해 기도했다. 어머니와 동생에게도 계속 연락했다. 동생은 이미 회복이 되어서 더는 불편한 데가 없다고 했다. 아프지 않다는 얘기를 들으니 마음이 놓였다. 그렇게 무사히 몇 개월이 지났다. 자연스럽게 기도도 소홀해졌다. 그런데 갑자기 동생의 상태가 다시 안 좋아졌다는 소식을 들었다. 몸이 약해지고 힘이 빠져서 일어나 서지도 못한다는 것이다. 병원에 가서 검사해 보니 간과 신장 기능이 망가졌다는 진단이 나왔다.

이 소식에 큰 충격을 받았다. 괜찮겠거니 하면서 마음을 놓고 있다가 날벼락을 맞은 것 같았다. 슬프기도 하고 후회도 되었다. 하나님께서 동생을 위해 계속 기도하라는 마음을 주셨는데 그렇게 하지 못했다. 날이 갈수록 동생의 상태는 악화하였다. 약을 먹어도 차도가 없었다. 이젠 일어서는 건 고사하고 앉지도 못하게 되었다. 할 수 있는 거라고는 그저 침대에 누워있는 것뿐이었다. 그렇게 1년이 지나고 2년이 가까워졌다. 멀리 떨어져 있는 내가 할 수 있는 것은 없었다. 그저 문자 메시지로 힘을 북돋워 주는 것이 내가 할 수 있는 전부였다. 메시지에는 예수님의 은혜와 행하신 기적에 관한 얘기들을 담았다.

"에를린(Erlin, 동생 이름), 무서워하지 마. 지금 몸 상태가 너무 안 좋지만, 지금 이렇게 죽지 않을 거야. 예수님이 오셔서 널 낫게 해 주실 것을 믿어. 예수님은 너를 사랑하셔."

매일 같이 동생에게 이 말을 들려주었다. 내가 전한 말대로 반드시 이루어질 것이라는 믿음이 있었다. 동생도 내 말을 붙잡고 믿었다. 메시지를 보냈을 뿐 아니라 편지도 써서 부쳤다. 편지는 성경 구절과 하나님의 말씀으로 가득 채웠다. 하지만 안타깝게도 동생은 이미 너무 몸이 약해져 있어서 편지도 읽지 못했다.

이번에는 기도를 게을리하지 않았다. 혼자 기도할 뿐 아니라 동생과 전화를 하면서 기도할 때는 전화기로 내가 기도하는 것을 듣게 해 주었다. 동생은 전화로 말을 할 수 없을 정도로 많이 쇠약해져 있었다. 그래서 말은 하지 말고 듣고 믿기만 하라고 말했다.

차도는 없었다. 오히려 상태는 더 나빠지기만 했다. 입은 부어올랐고 혀와 목구멍에도 상처가 가득해서 먹고 마시지도 못하고 말도 못 하게 되었다. 동생은 너무도 쇠약해졌다. 매일 같이 동생의 상황을 염려하다가 나까지 아프게 되었다. 하나님께서 동생을 고쳐주실 것이라는 믿음이 있기는 했지만, 그 상황을 더는 견디기가 어려웠다. 빨리 롬복으로 가서 동생을 만나고 싶었다. 롬복으로 가고픈 마음에 어머니와 이야기해 보았다.

"엄마, 나 좀 도와주세요. 동생을 만나러 가고 싶지만, 돈이 없어요. 돈을 빌릴 수 있는지 한 번 알아볼게요. 하지만 에를린에게는 내가 거기로 갈 방법을 찾고 있다고 말하지 마세요."

어머니에게 말을 하지 말라고 했지만, 동생은 나와 어머니가 통화하는 것을 들은 것 같았다. 바로 문자 메시지가 왔다. 동생은 문장을 제대로 만들지 못하고 단어를 조각조각 짧게 짧게 붙여서 뜻만 통하게 문자를 보내왔다. 이미 핸드폰을 쥐고 문자를 보내기도 어려울 만큼 몸 상태가 안 좋았지만, 온 힘을 짜내 문자를 보내고 있다는 것은 누가 봐도 알 수 있었다. 에를린의 문자 내용은 대략 이러하다.

"언니 왜 롬복에 오려고 해? 언니가 말했잖아. 내가 지금 죽지 않는다는 말, 나는 믿어…."

이에 대해 나는 이렇게 답했다.

'네가 죽을까 봐 가려고 하는 게 아니야. 네가 보고 싶어서 가고 싶은 거야. 벌써 몇 년 동안 아팠는데 보지도 못했잖니.'

어머니랑 동생과 얘기할 때마다 내 마음은 무너졌다. 그러나 내가 슬퍼하는 걸 알면 두 사람이 더 힘들어할까 봐 애써 슬픔을 감추었다. 그리고 하나님을 전심으로 신뢰하고 내가 하는 말을 믿으면 동생은 틀림없이 나을 것이라는 확신을 심어주기 위해 힘썼다.

목사님께 기도를 부탁하기 위해 교회로 갔다. 나는 교회에서 거의 하루 동안 금식을 하면서 기도했다. 기도를 마친 후 성령께서 목사님을 통해 이런 마음을 주셨다.

'동생이 이런 상태면 일 년도 더 살기 어려울지 모른다. 지금 동생에게 가라. 내가 너와 함께할 것이고 그곳에서 놀라운 일을 행할 것이다.'

그리고 하나님께서는 동생이 이번에는 죽지 않을 것이라는 확신을 주셨다.

내가 놀라운 일을 행할 것이다

나는 성령이 주신 마음에 의지하여 기도하고, 또 기도하며 하나님께 부르짖었다.

"하나님, 제가 롬복으로 가는 것을 허락하신다면 비행기표를 살 수 있는 돈을 주세요."

동생의 상태는 하루가 다르게 악화하였다. 이젠 거의 몸을 움직일 수조차 없게 되어 거의 죽음을 앞둔 사람처럼 초점 없이 천장만 쳐다보고 있을 따름이었다. 말도 하지 못하고 물 한 모금 목으로 넘기지 못했다. 문병을 온 친척들도 쇠약해질 대로 쇠약해진 동생의 모습을 보고 안타까워했다.

어머니가 울며 전화를 하셨다.
"네 동생이 더는 버티지 못할 것 같다. 나는 에를린이 떠나는 모습, 도저히 못 보겠다."

나는 울음을 꾹꾹 눌러 참으며 확고한 믿음으로 목소리에 힘을 주어 말했다.
"엄마, 내 얘기 좀 들어봐요. 날 좀 믿어봐요. 무서워하지 말아요. 에를린은 지금 죽지 않을 거예요. 나을 거예요."

하나님에겐 동생과 우리 가족을 향한 큰 계획이 있음이 분명했다. 그래서 내게 롬복으로 가야겠다는 마음을 주신 것이다. 내가 워낙 확신에 차서 말하니 아버지와 어머니도 내 말에 기대셨다.

　나는 나대로 돈을 빌리고자 애를 써서 약간의 돈을 마련할 수 있었다. 앤튼에게는 여행사에 가서 나와 두 아이가 롬복에 갈 항공권 가격을 물어보라고 하였다. 우리가 빌린 돈으로는 충분치 않은 가격이었다. 또 다른 문제가 있었다. 내 고향, 롬복으로 가려면 롬복섬에서 가장 큰 도시인 마따람(Mataram)으로 가야 하는데 마따람행 비행기가 없다는 것이다. 롬복 옆 섬인 발리까지 가는 비행기만 있었다. 발리까지 간 후 롬복행 배를 타야 한다면 추가 비용이 필요하다. 가뜩이나 빠듯한 예산에 추가 비용은 부담이 아닐 수 없다.

　나로서는 이해가 되지 않았다. 전에 둘째 아이를 낳으러 집에 갈 때만 해도 분명 말레이시아를 경유해서 롬복에 갔었는데 왜 이번에는 항공편이 없다는 것일까? 다른 여행사도 찾아가 봤지만, 답은 같았다. 마따람행 비행기는 없었다. 앤튼이 항공권 구매 대행사를 전부 가보았지만, 마따람행 항공권은 없었다. 나로서는 미칠 노릇이었다.

　'난 분명히 마따람에 갔었는데 왜 다 없다고 할까?'

　앤튼은 내게 진정하라며 일단 돈부터 모으자고 했다. 마따람행 항공권이 있다 하더라도 어차피 우리는 돈이 부족해서 표를 살 수 없었다. 그래도 난 기다릴 수가 없었다. 동생의 상황은 이미 위중했다. 여기서 더 기다리면 때를 놓쳐 다시는 동생을 만나지 못하게 될 것 같았다. 어떻게 해서든 방법을 생각해 내야 했다.

'콜롬보에서 (말레이시아를 경유해서) 롬복으로 가는 비행편이 없다면 말레이시아에서는 롬복으로 가는 편이 있지 않을까?'[14]

그때, 미스터 양이 떠올랐다. 미스터 양은 말레이시아에 살았던 적이 있으니 말레이시아에서 롬복으로 가는 비행편에 대한 정보가 있을지도 모른다. 하지만 미스터 양 말로는 예약을 하지 않고 쿠알라룸푸르에 도착해서 항공권을 사면 가격이 더 비싸다고 하였다. 지금도 돈이 부족한데 여기서 비용이 더 들면 감당이 안 되는 상황이었다. 그렇지만 하나님이 정말 내가 롬복에 가기를 원하신다면 반드시 길을 내시고 모든 어려움을 해결해 주실 것으로 생각했다.

내가 할 수 있는 건 기도였다. 다시 기도를 시작했다. 한 시간 동안 나는 하나님의 도우심을 구하며 기도했다.

"하나님, 하나님은 어디 계세요? 하나님은 모든 것을 다 아

---

14 동남아시아와 아시아에서 주로 활동하는 저비용항공사 에어아시아(Airasia)가 말레이시아를 허브로 삼고 거점을 두고 있어서 동남아 여행시 말레이시아 기준으로 여정을 짜곤 한다.

시지 않나요? 제 모든 어려움도요. 저는 제 몸 하나도 건사하지
못해요. 이번에도 제 기도에 응답해주세요."

나는 한 시간 동안 기도하며 묵상하며 곰곰이 생각했다. 하
나님이 어떤 방법으로 나를 도와주시고 길을 열어 주실까? 그
렇게 생각에 잠겨 있는데 문자 메시지 알림 소리가 들렸다. 미
스터 양이었다. 콜롬보에서 롬복까지 나와 두 아이가 왕복할
수 있는 비행기표를 사서 보내주겠다는 메시지였다. 기적과도
같은 일이었다. 하나님이 미스터 양을 보내서 나를 도우셨
다. 메시지를 받고 나는 무릎을 꿇고 울면서 하나님께 감사기
도를 드렸다.

"하나님, 감사합니다. 제 기도에 귀를 기울이시고 미스터 양
을 사용하셔서서 저를 도우셨습니다. 하나님, 기도합니다. 미스
터 양과 그의 가족을 축복하셔서서 우리에게 베푼 것의 몇 곱절
을 더 하여 돌려주세요."

미스터 양의 말을 따라 나와 두 아이의 여권 사본을 보냈다.
미스터 양은 비행기표를 사서 콜롬보에 주재하고 있는 미스터
양의 친구를 통해 내게 보내주었다.[15] 항공권을 보고 나서야 왜
그렇게도 마따람으로 가는 항공편을 찾을 수 없었는지 알 수
있었다. 항공권에는 도착지에 마따람 국제공항 대신 롬복 국제
공항(Lombok International Airport)이라고 표시되어 있었다.[16]
알고 보니 마따람 공항이 문을 닫고 새로 문을 연 공항이 항공

편을 받기 시작했던 것이다.

"너희는 왕 같은 제사장"

인도네시아로 갈 표를 끊어놓고 준비를 하던 어느 날 밤이었다. 아주 밝고 하얀빛이 내 오른손에서 뻗어나가는 꿈을 꾸었다. 꿈속에서 나는 아픈 누군가에게 내 빛나는 손을 얹었다. 하나님에겐 나와 인도네시아에 있는 가족에게 계획이 있다는 확신이 들었다. 꿈에서 깬 나는 과연 하나님의 계획이 무엇일까 생각했다.

출발 때가 다가왔다. 공항에 가기 전, 나는 먼저 교회에 가서 수석목사님을 만났다. 마침 교회는 공항 근처에 있었다. 목사님을 만나러 갈 때는 작은 물병 둘을 준비했다. 병 하나에는 물을 담았고 하나에는 기름을 담았다. 나는 목사님께 기도와 축복을 부탁했다. 목사님은 동생을 만나 기도할 때 손을 얹어 기도하라고 하셨다. 공항으로 출발하기 전, 성령의 인도하심을 따라 교회에서 한 시간 동안 기도하였다.

아이들을 데리고 말레이시아를 거쳐 롬복 집에 도착했다.

15 E-티켓을 이메일로 보내주면 간단하지만 당시만 해도 바이끄가 스마트 기기나 이메일 사용이 서툴렀던 점을 생각하여 E-티켓을 지인에게 보내어 출력하여 실물로 전달하였다.

16 2011년 9월 30일까지는 마따람에 있는 셀라파랑(Selaparang) 공항이 운영을 했다. 하지만 같은 해 10월 1일 부터는 신(新)롬복국제공항이 개항하여 국제선 항공기를 받았다. 글쓴이가 이전에 롬복에 갔다 온 것은 2010년과 2011년이었다. 이 때는 마따람에 있는 셀라파랑 공항을 이용하였을 것이며 신공항이 운영을 개시한 이후엔 롬복에 가 본 적이 없다. 신공항은 마따람이 아니라 롬복섬 남부 중앙에 위치한다.

동생의 처참한 모습을 보고 충격을 받았다. 상태가 안 좋다는 건 알고 있었지만 직접 보니 그 이상이었다. 그 정도일 줄은 몰랐다. 살과 근육이 다 빠져 몸은 해골처럼 뼈와 가죽만 남아 있었다. 입도 옆으로 돌아갔다. 머리카락은 다 빠졌고 피부는 까매졌다. 내가 갔는데도 동생은 한마디 말도 못 하고 날 쳐다만 볼 뿐이었다. 눈물만 눈에서 흘러내렸다. 동생은 전혀 호전의 기미를 보이지 않는 병세로 고통을 당하며 그 어떤 소망도 없이 누워만 있었던 것이다. 그러한 동생을 차마 볼 수가 없었다. 울며불며 하나님께 부르짖고 기도할 수밖에 없었다.

"하나님, 아 하나님. 왜 내 동생에게 이런 일이 일어나야 하나요?"

그리고 마음을 다잡고 동생에게 말했다.

"네가 낫게 해 달라고 기도하려고 여기까지 왔어. 난 예수의 이름으로 기도할 거야. 믿으면 분명히 나을 거야. 네가 내가 말하는 걸 다 믿었으면 좋겠어."

동생은 말을 할 수 없었기에 고개만 끄덕였다. 내 말에 따른다는 표시로 눈을 깜박였다. 난 바로 무릎을 꿇고 한 시간 동안 기도했다. 그러고 나서 교회에서 가져온 물병 두 개를 꺼냈다. 물을 마시기는 어렵지만 동생에게 마시라고 조금씩 조금씩 줘 보았다. 기름은 기도하면서 온몸에 발랐다. 자정에서 새벽 한 시가 될 무렵, 기도하면서 동생의 머리끝에서 발끝까지 차례차

레 내 손을 얹었다. 동생을 축복하시고 내 두 손을 하나님의 도구로 사용해 달라고 하나님께 기도했다.

이튿날 아침, 일어나 기도를 마친 후 기름을 발랐다. 먹을 것도 조금 줘 봤다. 일으켜 앉혀 보려고도 했다. 그러나 아직은 그럴 힘이 돌아오지 않았다. 매일 아침, 점심, 저녁으로 기도하고 정오와 자정에도 기도했다. 먹을 것과 약을 주기 전에는 음식과 약에 손을 얹어 먼저 기도했다. 하나님의 축복을 간구했다. 사흘째 되던 날에도 똑같이 행했다. 그리고 이번에도 동생을 일으켜 앉히려 해 보았다. 전날과는 달리 조금 좋아진 듯했다. 잠깐이나마 동생은 침대에서 일어나 앉아 있었다. 나흘째 되는 날에는 조금 더 오래 앉아 있을 수 있었다. 동생에게 일어서 보라고 하였다. 나는 동생의 두 무릎을 잡고 말했다.

"예수님의 이름으로, 일어나 걸어봐!"

그리고 난 동생이 일어설 수 있도록 도왔다. 동생은 일어섰다. 하지만 잠깐이었다. 아직은 설 수 있을 만큼 다리 근육에 힘이 붙지 않았다. 닷새째 되던 날 사람이나 기둥을 의지하여 좀 더 오래 서 있을 수 있었다. 며칠 전만 해도 꼼짝 못 했었는데 이렇게 일어나 앉을 수 있다는 것은 큰 진전이었다. 이렇듯 매일 사소하지만, 긍정적인 변화가 나타났다. 일단 일어섰으니 이제는 한 걸음씩 걸어보게 했다. 앉고 서고 걷는 쪽으로는 차도가 있었지만, 뭘 먹으면 여전히 토할 때가 많았다. 가끔은 참을 수 없는 두통에 시달리기도 했다. 손과 발이 뜨거워 절절 끓었고 고통을 이기지 못해 신음하고 비명을 질렀다. 그래도 내가 기도하고 기름을 바르면 통증이 사라지곤 했다. 난 전에 첫 번째 애가 아팠을 때 했던 것처럼 아버지에게 킹 코코넛 세 알을 구해다 달라고 부탁했다. 그리고 하루에 한 알씩 쪼개어 기도하곤 동생에게 그 물을 마시게 했다. 사흘이 되어 코코넛 세 알 안의 물을 모두 마신 후부터는 더 이상 토하지 않았다.

집에 온 이후로 난 줄곧 기도하고 동생에게 성경을 읽어주고 하나님의 말씀을 가르쳤다. 마침내 아버지가 뭔가 이상한 낌새를 알아차리시고 물으셨다.

"너 집에 온 날부터 보니까 한 번도 살랏(무슬림으로서 하루 다섯번 행하는 기도)을 행하지 않던데 너 믿음이 어떻게 된 거니? 도대체 네 종교는 뭐냐?"

"제 걱정은 마세요. 아버지. 전 지금 이미 천국을 향하는 바른길을 찾아 그 위에 서 있어요. 그리고 항상 우리 가족이 모두 구원받을 수 있도록 기도하고 있어요."

아버지는 하늘이 무너지는 것 같은 충격이었을 것이다. 아버지는 우셨다. 그러고는 아무 말도 하지 않았다. 어머니는 아무것도 묻지 않고 이렇게만 말했다.
"네가 다시 살랏(기도)을 해야 아버지가 다시 좋아지실 거야. 하루 종일 아버지가 그냥 멍하니 무슨 생각을 하는지 뭘 먹지도 않으신다."

그러한 아버지를 보면 마음이 아프고 아버지 마음도 이해되었지만 이렇게 말할 수밖에 없었다.

"아니에요. 전 이제 살랏을 하지 않을 거예요. 난 제가 지금 하는 일이 뭔지 알고 어느 길에 있는지 알아요. 하나님께서 내 가운데 계셔요. 난 나뿐 아니라 우리 가족 모두가 믿을 수 있도록 기도하고 있어요."

하루가 지나자 아버지는 원래 모습으로 돌아와 전처럼 나와 이야기를 나누셨다. 다만 내 신앙에 대해서 더는 한 마디도 묻지 않으셨다. 아버지는 내가 자다가 한밤중에 일어나 기도하는 것을 보았지만 아무 말도 하지 않으셨다. 하루하루 시간이 지나며 아버지와 어머니는 내가 선택한 길에 대해서 이해하는 것 같았다. 내가 오고 나서 동생에게 큰 변화가 일어났기 때문이다.

동생은 일주일에 한 번 병원에 가서 혈액과 소변 검사를 했다. 약도 받아 왔다. 병원비와 약값이 꽤 비쌌다. 비용을 다 충당하기 위해서 내가 한국에서 돈을 벌어 샀던 논 중 절반 정도를 팔아야 했다. 담당 의사는 치료하는 데 많은 시간이 필요할 것이라고 말했다. 날이 갈수록 동생은 상태가 좋아졌다. 이제 혼자 일어나서 앉고 뭘 붙잡거나 도움을 받지 않고도 서 있을 수도 있었다. 하지만 도움이나 부축이 없으면 혼자 걷는 건 아직 어려웠다.

내가 롬복에 온 지 어느새 3주가 지났다. 스리랑카로 돌아갈 시간이 다가오고 있었다. 동생이 회복되고 있었지만, 아직 다 낫지는 않았다. 그런 동생을 두고 스리랑카로 가려니 차마 발이 떨어지지 않았다. 하나님께 이렇게 기도했다.

"하나님, 동생을 이런 상태로 두고는 스리랑카로 돌아갈 수가 없어요. 제 동생을 지금 고쳐주세요. 제가 돌아가기 전까지 동생이 혼자 걷는 걸 보았으면 좋겠습니다. 제 기도를 들어주세요, 하나님."

동생 걱정만으로도 힘든 상황에서 감당하기 어려운 일이 또 생겼다. 어머니 심장 쪽에 문제가 생겨 병세가 위중했다. 얼굴이 창백해지고 호흡도 곤란했다. 모두 어찌할 바를 몰랐다. 일단 어머니를 바로 병원으로 이송했다. 병원에서 빨리 산소공급을 하고 필요한 처치를 해서 고비는 넘겼다. 어머니를 보살피느라 두 아이를 데리고 3일 동안 병원에서 지냈다. 집에 있던 막냇동생은 아버지와 다른 동생이 돌보았다.

병원에서 어머니를 돌보고 있을 때, 막냇동생을 돌보고 있던 바로 아래 동생으로부터 전화가 왔다. 목소리에 놀란 기색이 역력했다.

"믿을 수가 없어, 에를린이 갑자기 제힘으로 일어나더니 부엌까지 걸어왔어."

어머니로 인해 걱정 가운데 있던 나는 그 말을 듣고 너무도 행복했다. 사방이 막혀있는 곳에 있는 내게 한 줄기 시원한 바람이 부는 것 같았다. 이렇게 하나님은 내 기도에 응답해주셨다.

롬복에 한 달 정도 있었다. 침대에만 누워있던 동생도 이제 걸을 수 있게 되었다. 그리고 이제 예수를 믿기 시작했다. 수년간 나를 짓누르고 있던 무거운 짐도 벗었다. 내 믿음은 더는 비밀이 아니었다. 가족에게도 그 누구에게도 이젠 내가 예수를 믿는다는 사실을 숨길 필요가 없었다. 내 믿음을 드러냈는데도 부모님은 나를 미워하지 않고 내 신앙을 인정해 주셨다. 모든 것이 기적이었다.

이제 스리랑카로 돌아가야 했다. 언제 다시 사랑하는 부모님과 동생들을 볼 수 있을지 모르지만, 이번에는 좀 더 편한 마음으로 가족과 작별할 수 있었다. 내가 씨름하며 기도하던 여러 가지 일이 해결되었기 때문이다. 내 동생을 구원하시고 모든 길을 아시는 하나님을 찬양한다. 하나님의 손이 미스터 양을 사용하셔서 내가 롬복에 갈 수 있게 하셨다. 나는 확실히 믿는다. 하나님의 계획은 하나님의 시간에 항상 아름답게 이루어진다.

아멘.

롬복에서 만난
바이끄의 가족

바이끄의 동생인 에를린이 루푸스를 앓기 시작한 때는 2011년경부터이다. 병세가 매우 심각해져서 바이끄가 롬복을 다녀와야 했던 것은 2015년의 일이다. 바이끄가 롬복에 가는 것을 도와주기도 하고 메신저로 동생의 소식을 듣기도 했지만 직접 만나 본 적이 없어서 어떤 상황인지 알기는 어려웠다.

루푸스라는 병에 대해서 많이 알지는 못했으나, 오랫동안 거의 움직이지도 못했던 사람이 바이끄의 돌봄과 기도를 해주던 짧은 기간 동안 호전된 것은 믿기 어려운 기적이며 하나님의 큰 은혜라는 생각만 하고 있었다.

내가 다니던 회사의 인도네시아 현지법인에서 일하게 된 2015년 여름이 지나서야 바이끄의 동생 에를린과 문자 메시지로 소식을 주고받을 수 있게 되었다. 그러다 2016년 5월에 우리 가족이 롬복에 갈 기회가 생겼다. 나와 가족이 롬복에 간다는 얘기를 듣자 바이끄 부모님과 동생이 나를 만나러 오기로 하였다. 바이끄의 집이 있는 롬복 동부에서 우리 가족이 머물던 숙소가 있는 서부 해안까지는 약 두세 시간 정도가 걸린다고 하였다. 바이끄를 도시에서 공부시켜 준 이모부가 차로 데려다주는 듯하였다.

바이끄 부모님과 동생, 그리고 이모부가 마중을 나오려니 생각했다. 그런데 막상 약속한 시각에 나가 보니 아이들까지 대가족이 나와 있었다. 사람 수도 많았고 시간도 짧아서 깊은 이야기는 나누지 못했다. 하지만 바이끄의 에를린이 차를 두 시간이나 타고 와서 나와 이야기를 하고 있다는 사실 자체가 기적처럼 느껴졌다. 불과 몇 개월 전까지만 해도 침대에 누워 있는 것 외에 아무것도 할 수 없는 상태였다는 것을 바이끄를 통해서 줄곧 들었었는데 말이다.

차를 타고 그 시간에 올 수 있다는 것 자체가 대단한 것이다. 루푸스 환자는 햇빛을 받으면 피부 발진이 심해질 수 있다. 그래서 바이끄의 동생도 피부를 최대한 가리고 양산을 쓰고 왔다. 약속을 정할 당시엔 미처 생각을 못 했었는데 해가 진 후에 보자고 할 걸 하고 후회했다. 에를린은 다소 야위고 힘이 없어 보이긴 했지만 아픈 사람 같아 보이지는 않았다. 내가 바이끄를 통해 이전 상황을 듣지 않았더라면 건강한 사람이려니 생각했을 것이다.

바이끄의 글을 받아서 번역하기 전까지는 바이끄와 가족에 얽힌 이야기를 자세하게 알지는 못했다. 다만 서로 기도 제목을 주고받으면서 아버지와 어머니, 그리고 동생에 대해 듣기만 하다가 실제로 만나 얼굴을 맞대고 이야기를 하니 처음엔 현실감이 느껴지지 않았다. 마치 오랫동안 보아 오던 영화나 드라마 주인공을 직접 만나 얘기하는 것 같았다. 힘들고 고단한 삶이지만 하나님께서 돌보시고 이끌어 주시는 바이끄의 가족을

만나니 그동안 조각조각 들었던 이야기가 모두 현실의 옷을 입
고 생생하게 되살아나는 것 같았다.

5

다시 콜롬보

"구원자이시며 우리를 돕고 지키시는 하나님 예수 그리스도에게
감사의 찬양을 드립니다. 하나님의 보냄을 받고 우리를 도운 모든 이에게
하나님의 넘치는 축복이 흘러넘치기를 매일 기도합니다.
그리고 이 글을 읽는 모든 이에게 하나님의 축복이 있기를 기도합니다.
또 모든 이가 예수님을 믿고 그 길을 따르며 그 믿음이 더하며
어떤 것에도 흔들리지 않기를 기도합니다.
예수님의 이름으로 기도합니다. 아멘."

앤튼 소라즈 페르난도

내 남편, 앤튼 소라즈 페르난도(Anton Soraj Fernando)에 관한 이야기이다. 앤튼은 1976년, 스리랑카에서 태어났다. 앤튼에겐 형제가 없다. 앤튼이 첫아들인데 교사였던 앤튼의 아버지가 앤튼이 돌을 갓 넘겼을 때 돌아가셨기 때문이다. 그 후 얼마 지나지 않아 앤튼의 어머니는 재혼했고 앤튼은 할머니가 돌보셨다. 앤튼의 가족은 모두 가톨릭 신자였다.

어느 날 개신교도인 친구가 앤튼에게 교회에서 사흘간 열리는 치유 집회에 같이 가자고 권했다. 앤튼은 가톨릭 배경에서 자라서 개신교에 대해 좋지 않게 생각했기 때문에 그 집회에 가지 않겠다고 했다. 앤튼 뿐 아니라 가족들 모두가 같은 생각이었다. 하지만 친구는 포기하지 않고 계속 권했다. 딱 하루만 같이 참석하면 집회를 마친 후 집에 데려다주겠다고 말했다. 집회는 교회에서 좀 떨어진 곳에서 열렸다. 친구가 계속 권유

하자 마침내 앤튼도 못 이기는 척하고 집회에 가기로 했다. 이
번에는 친구의 초대에 응하고 다음에는 친구를 가톨릭교회로
초대할 생각이었다.

　교회에 가긴 했지만, 처음이라 뭘 어떻게 해야 할지 몰라서
가만히 앉아 주위 사람들이 기도하는 것을 바라보았다. 사람들
이 어찌나 열심히 기도하던지 거의 광적이었다. 많은 사람이
큰소리로 통성기도를 했는데 그 가운데 스리랑카 사람들이 사
용하는 싱할라어도 영어도 아닌 정체 모를 언어로 기도를 하는
사람들이 있었다. 기도하다가 바닥에 쓰러지는 사람도 있었다.
앤튼에게는 모두가 생소한 광경이었기에 무척 당황했다. 가톨
릭교회에서는 본 적이 없는 광경이었다. 그런데 말씀을 듣고
기도하다가 정말 병이 낫는 사람들이 있었다. 앤튼은 더 당황
했다.

　'이게 뭘까? 어떻게 이런 일이 일어날 수 있지?'

　첫날 집회가 끝나자 친구는 약속한 대로 앤튼을 집에 데려
다주겠다고 했다. 하지만 이미 앤튼은 마음에 변화가 생겼다.
바로 집으로 가지 않고 사흘간 머물면서 집회에 참석할 의향이
있다고 친구에게 말했다.

　나중에 앤튼이 말하기를 인생의 참된 길이 무엇인지 궁금해
졌다고 했다. 어쩌면 하나님께서 그때 앤튼의 마음을 만지기
시작하셨는지도 모른다. 하루 사이에 태도가 변한 앤튼에게 친

구가 물었다.

"너 세례 받고 싶어?"
"응, 세례받고 싶어"

이후, 앤튼은 성경을 공부하고 세례를 받았다. 물론 가톨릭 전통이 강하던 가족들은 앤튼의 결정을 달가워하지 않았다. 이 것이 앤튼이 기독교 신앙을 가지게 된 경위이다. 그 이후, 앤튼 은 한 번도 변함없이 굳게 신앙을 지켜왔다.

24살이 되던 해인 2000년, 앤튼은 돈을 벌기 위해 한국에 왔 다. 앞서 말했듯이 이 시기에 우리는 만났고 연인이 되었고 인 생의 반려자가 되었다. 앤튼에게 갑자기 찾아온 질병이 우리를 힘겹게 만들었지만, 함께 기도하며 믿음으로 그 순간들을 이겨 나갔다. 앤튼은 하나님의 은혜와 여러 사람의 도움 속에서 투 석 치료를 받다가 신장을 이식받았다.

생계를 이어 나가는 것이 어려웠지만 하나님이 우리의 필요 를 채워주셨다. 앤튼은 성경학교를 마치고 지역교회에서 평신 도 지도자로 섬겼다. 그사이 나는 롬복으로 가서 가족들 앞에 내 신앙을 드러냈다. 또 우리 가족의 제사장으로서 아픈 동생 과 가족을 위해 하나님께 기도했다. 하지만 고난은 꼬리 꼬리 를 물고 찾아왔다.

고난은 꼬리에 꼬리를 물고

몹시 아팠던 동생 에를린을 만나러 롬복을 다녀온 지 1년 4개월이 지났을 때이다. 어느 날 밤, 심상치 않은 꿈을 꾸었다. 꿈속에서 코브라 한 마리가 앤튼의 몸으로 들어가는 것을 보았다. 잠에서 깬 후, 앤튼에게 이 기분 나쁜 꿈 이야기를 들려주었다. 앤튼은 내 말에 크게 개의치 않고 다시 잠들었다.

난 마음이 영 편치 않아 침상에서 내려와서 무릎을 꿇고 기도했다.

"하나님, 이 꿈이 무슨 뜻인지 모르겠어요. 하나님은 모든 걸 아시지요? 제 남편과 우리 가족을 하나님이 지키시고 돌봐주세요."

얼마 후, 또 다른 꿈을 꾸었다. 이번에는 뚜껑이 닫혀있는 두 개의 가마솥을 보았다. 솥뚜껑을 열어보니 솥 안에는 음식이 있었는데 다 상하고 부패한 것이었다. 무슨 의미인지는 모르지만 심상치 않은 꿈인 것은 분명하였기에 걱정이 되었다. 꿈을 꾼 지 며칠 후, 뭔지 알 수는 없지만 앤튼이 이전과는 달라 보였다. 우울해 보이기도 하고 멍하니 있을 때가 많아졌고 말수도 적어졌다. 아무것도 하고 싶지 않은 사람처럼 보였다. 무슨 문제가 있냐고 물어봤지만 대답은 항상 똑같았다.

"아무 문제 없어."

앤튼이 뭔가 나에게 숨기고 있는 것이 분명했다. 그렇게 몇 날 며칠간 앤튼은 아무 말도 하지 않았다. 거의 한 달이 지났는데도 여전히 아무 말도 하지 않았다. 무슨 일이 있는 것이 분명한데 말을 안 하니 궁금증과 걱정이 갈수록 깊어졌다. 무슨 일인지 알아내야겠다는 생각에 포기하지 않고 계속 물어보았다.

"도대체 무슨 생각을 해? 무슨 힘든 일이 있어?"

결국은 끝까지 숨기지 못하고 앤튼은 대답을 했다.

"당신하고 아이들 걱정을 했어. 사실 신장에 다시 문제가 생긴 것 같아. 막막해. 내게 무슨 일이 생기면 당신하고 아이들은 어떻게 하지? 아이들도 아직 어린데."

그제야 왜 앤튼이 말도 안 하고 의기소침해 있었는지 알게 되었다. 막상 대답을 듣고 보니 앤튼이 안쓰럽기도 하고 걱정도 밀려왔다. 우여곡절 끝에 수술을 받고 이렇게 살고 있는데 또다시 아프다니 마음이 아팠다. 그래도 앤튼을 위로하고 힘을 북돋워 주기 위해 마음을 다잡고 말했다.

"당신, 두려워하지 마. 하나님께서 함께 하시잖아. 우리 의사에게 가 봐요."

이때가 2015년 11월이었다. 내가 인도네시아에서 동생을 만나고 돌아온 지 얼마 되지 않았을 때이다. 동생 몸 상태가 많이 좋아져서 이제 마음이 좀 편해지려던 참이었다. 그런데 얼마 지나지 않아서 또 이렇게 크고 어려운 문제를 다시 만나게 되었다. 연약한 인간으로서 한탄이 절로 나왔다.

'내 인생은 왜 이럴까? 왜 내 인생에는 이렇듯 항상 숨 막히는 일이 생기지? 왜 걸머지기 버거운 짐들이 연거푸 찾아와 짓누르는 거지?'

이런 생각을 할 때면 난 너무 약해진다. 너무 힘들면 때로 기도하기도 쉽지 않다. 그러나 이런 때일수록 억지로라도 기도를 해야 문제를 이길 수 있다는 목사님 말씀이 떠올랐다. 그래서 힘들어도 꿋꿋이 기도에 힘쓰려 했다. 실망하고 낙심했을 때도 마음 깊은 곳에선 하나님이 우리와 함께하신다는 확신이 있었다.

일단 진찰과 치료를 받아야 했다. 앤튼은 전에 치료를 받았던 의사에게 갔다. 처방을 받고 투약했지만, 상태는 점점 더 나빠지기만 했다. 결국 신장이 제대로 기능을 하지 못해 다시 투석을 받아야 했다. 날이 갈수록 몸이 안 좋아지면서 앤튼은 고통을 호소했다. 먹고 자는 기본적인 생활도 힘들어할 정도였다. 나는 앤튼을 간호하고 보살피며 힘거운 나날을 보냈다. 이러한 생활이 몇 개월이나 지속되었다. 그렇지만 그러한 고난 가운데서도 여전히 하나님이 함께하심을 느낄 수 있었다. 투약과 투석, 가족을 부양을 위한 비용이 필요했다. 하나님은 미스터 양을 비롯하여 돕는 사람들을 보내주셔서 우리의 필요를 채워주셨다. (스리랑카는 보편적 의료서비스를 제공하는 나라라서 의료서비스의 질이 아주 높다고 할 수는 없지만 비교적 적은 비용으로 공립병원에서 환자가 치료를 받을 수 있다.)

1년 9개월이라는 투병 기간을 거치면서 앤튼은 점점 더 아파갔다. 신장 공여자도 찾지 못했다. 우리가 알고 있는 모든 사람에게 신장 공여자를 찾고 있다는 사실을 알렸지만, 공여자를 찾기는 어려웠다. 그 사이 앤튼의 건강은 악화되었다. 복수가 차서 배는 부풀었고 발도 부어 걸을 수 없었다. 몸 뒷부분에는 테니스공만 한 뾰루지가 나서 앉기도 힘들었다. 앤튼은 너무나 고통스러워했다. 일어서는 것도 앉는 것도 모두 힘들었고 잠을 자려고 해도 숨쉬기가 힘들어 편히 잘 수 없었다. 그런 모습을 지켜보며 마음이 무너져 내렸다. 그래도 남편 앞에서는 눈물을 보이지 않으려 했다. 항상 꿋꿋이 버티면서 하나님은 모든 걸 하실 수 있는 분이라고 확신했다.

2017년 8월, 교회에서 수련회 행사가 있었다. 전 교인이 나흘간 동네를 떠나 야외에 천막을 치고 지내면서 참여하는 행사였다. 앤튼은 아이들을 데리고 수련회에 가라고 나에게 말했다. 하지만 그토록 아픈 남편을 두고 어디를 갈 수 있단 말인가? 그러나 앤튼은 계속 수련회 참석을 권유했다.

"수련회에 가, 그게 하나님의 일이잖아. 하나님이 축복하실 거야. 내 걱정은 말고 나는 어머니가 돌봐주면 돼."

　발걸음이 떨어지지 않았지만 나는 아이들을 데리고 교회 식구들과 함께 수련회에 참석했다. 수련회 장소에 도착해서는 천막을 쳤다. 나와 아이들이 나흘간 머물 거처이다. 첫째 날, 우리 천막에서 기도해 주시던 목사님을 통해 성령님이 앤튼을 위해 수술을 할 때까지 매일 기도하라는 마음을 주셨다. 기도해 주시던 목사님은 앤튼에게 수술이 필요하다는 것을 모르는 상태에서 기도하신 것이다. 그래서 그 기도의 의미는 하나님과 나만 알 수 있었다.

　그날 밤 시어머니의 전화를 받았다. 앤튼이 열이 심하게 오르고 말도 하지 못한다고 했다. 앤튼이 다른 말은 못 하고 어머니에게 나를 데려오라고는 말만 했다고 했다. 어머니가 계속 우시며 말씀을 하셔서 나는 패닉상태가 되었다. 나는 앤튼에게 가기 전에 수석목사님을 찾아 기도를 부탁했다.

　"목사님, 전화로 앤튼을 위해 기도해 주세요. 지금 앤튼이 너무 아파요."

　그러고 나서 나는 시어머니에게 전화해서 전화기를 앤튼의 귀 옆에 놓아달라고 부탁했다. 목사님은 내가 부탁한 대로 앤튼을 위해 기도했다. 기도 이후 앤튼은 기운을 차린 듯했다. 다시 일어날 힘을 얻고 희망을 놓지 않게 된 것이다.

아침이 되어 시어머니가 나를 데리러 오기 위해 집을 떠나 수련회 장소로 길을 나섰다. 그런데 바로 그날 모두가 기도하고 있던 그때 난데없이 큰 소동이 벌어졌다. 어디서 왔는지 알 수 없는 무리가 우리를 위협하면서 집회 장소로 들어오려 했다.[17] 경찰이 출동해서 우리를 지켜야 할 만큼 험악한 상황이었다. 경찰마저도 이 폭도들을 제어하지 못할 정도였다. 공교롭게도 이러한 시점에 시어머니는 수련회 장소에 도착했다. 시어머니는 무슨 영문인지를 모르고 겁에 질려 내게 전화하셨다. 집회 장소로 들어가기만 하면 차를 불태우고 차에 탄 사람들을 죽인다고 폭도들이 위협했던 모양이다. 앤튼은 아프고 어떻게 해서든 집에 빨리 가야 하는데 집회 장소에서 나가지도 못한 채 발만 동동 굴렀다. 경찰만으로는 안 되어 마침내 군대까지 출동해서야 폭도들을 제압할 수 있었다. 그제야 나도 시어머니를 만나 집으로 돌아갈 수 있었다.

집에 도착하자마자 우리는 앤튼을 병원으로 데리고 갔다. 혈액검사를 해 보니 세균감염이 있었다고 했다. 앤튼은 2주간 병원에 입원하며 치료를 받았다. 투석을 받으며 전반적으로 몸 상태가 좋지 않고 면역력도 떨어져 있었기에 언제든지 같은 일이 일어날 수 있었다. 유일한 해결책은 하루라도 빨리 신장을

17　스리랑카의 불교도 단체 사람들이다. 스리랑카를 이루는 민족 중 비중이 가장 큰 싱할리족 대부분이 불교도이다. 일부 민족주의 불교 단체들은 힌두/이슬람/기독교 등 다른 종교를 믿는 사람들에 대해서 배타적이고 폭력적인 태도를 보이기도 한다. 따라서 본문에서와 같이 교회나 이슬람 사원 같은 종교시설이나 집회를 공격하는 경우가 있다.

공여받아 이식수술을 하는 것이었다. 몇 개월이 지나서야 우리는 공여자를 찾을 수 있었다.

오래 참고 견디다

장기공여를 위한 절차를 밟고 수술을 준비했다. 수술을 담당할 의사 일정에 따라 수술 일자까지 확정했다. 수술을 앞두고 병원에 입원한 앤튼은 다시 여러 가지 검사를 했다. 검사 결과 체온이 높고 열감이 있어서 정밀 검사를 했더니 뎅기열 진단이 나왔다. 뎅기열은 그 자체로도 위험할 수 있는 병이다. 신장질환을 앓는 환자에겐 더 위험할 수 있고 뎅기열을 앓고 있으면 수술을 하기도 어려웠다. 수술은 연기되었다. 뎅기열 치료를 위해 앤튼은 다른 병원에서 한 달 동안 입원했다. 뎅기열이 나아 퇴원한 이후에도 우리는 앤튼이 수술을 견뎌낼 수 있을 정도까지 회복되기를 기약 없이 기다려야 했다.

성령이 주신 마음을 좇아 난 앤튼을 위해 매일 최소한 20분씩 기도했다. 일주일 동안 자정부터 한 시간씩 기도하기도 하고 성령이 마음 주시는 대로 기도했다. 하루도 빼놓지 않고 그렇게 기도했다. 몸 상태가 회복되고 나서 수술 날짜가 다시 잡혀서 앤튼은 수술 준비를 위해 또 입원했다. 그리고 수술 전 검사를 했는데 거기에서 다시 세균감염이 발견되었고 발열도 있었다. 수술은 당연히 연기되었다. 두 번이나 수술이 연기되자 앤튼은 많이 낙심했다.

감염 치료를 위해 다시 공립병원으로 옮겨서 항생제 치료를 받았다. 한 달 동안이나 항생제 주사를 맞고 치료를 해도 전혀 차도가 없었다. 감염은 더 심해졌다. 주사제를 바꿔 두 주 정도 치료해 보았지만 듣지 않았다. 결국 의사도 두 손을 들고 이렇게 말했다.

"할 수 있는 건 다 했습니다. 최선을 다했지만 어떤 방법도 듣지를 않네요. 더는 손을 쓸 수가 없습니다. 해 드릴 수 있는 게 없으니 퇴원을 하든 전원을 하든 원하시는 대로 하라는 말씀밖에는 드릴 수가 없습니다."

이처럼 의사는 포기하고 손을 놓았지만 난 포기할 수 없었다. 희망을 버릴 수 없었다. 내겐 아직 하나님이 있다. 지난 수련회 때 하나님이 주신 확신이 떠올랐다. 하나님께서는 분명 앤튼과 함께하시겠다고 하셨다.

더 이상 병원에선 할 수 있는 게 없었다. 앤튼을 데리고 병원을 나와 교회를 데리고 갔다. 담임목사님과 기도를 하기 위해서였다. 교회에서 기도하는데 성령님이 담임목사님과 함께 우리 집에 가서 기도하라는 마음을 주셨다. 성령이 주신 마음을 따라 목사님과 함께 우리 집에서 기도하자 치솟았던 감염 수치가 차차 내려갔다. 며칠이 지나자 감염 증상도 다 사라졌다. 실로 놀라운 일이었다. 약도 주사도 다 안 듣고 병원에서도 포기해서 퇴원하지 않았던가? 그런데 집에서 기도만 했는데 상태가 좋아진 것이다.

이후에도 남편 수술 날짜가 잡힐 때까지 나는 집에서, 또 교회에서 밤낮없이 기도했다. 혼자, 또는 목사님들과 함께 기도했다. 그렇게 기도하면 마음속에 평화가 있었다. 상황은 여전히 어렵지만, 이번에는 순조롭게 일이 진행될 것이라는 확신이 들었다.

마침내 수술 일정이 다시 잡혔다. 2018년 2월 28일이었다. 수술 일정을 잡았어도 몇 차례나 취소된 적이 있었기에 이번에도 마음을 놓을 수 없었다. 앤튼은 수술 준비를 위해 하루 전 입원했다. 그런데 이번에도 수술은 순조롭게 진행되지 않았다. 무슨 연유에서인지 앤튼은 호흡곤란을 일으켰다. 수술을 담당하는 병원에서는 이 증상을 치료할 수 없어서 공립병원으로 환자를 옮겨야 했다. 수술을 고대하던 앤튼은 같은 일이 또 반복되자 감정을 추리지 못했다. 누구의 잘못도 아니지만, 화를 냈다. 호흡을 돕는 산소호흡기를 벗어 버리며 소리쳤다.

"나 내일 수술 받아야 한다고! 나 방해하지 말고 그 병원으로 보내줘! 의사하고 간호사에게 나 보내달라고 얘기하란 말이야!"

일이 또 이렇게 되자 나 역시 슬프고 낙심이 되었다. 지칠 대로 지친 데다 기대가 또 무너졌으니 앤튼의 마음을 이해할 수 있었기에 나도 울었다. 그러나 늘 하던 대로 하나님께 부르짖었다.

"하나님, 전 하나님께서 명령하신 대로 다 했어요. 우리와 함께하시겠다는 약속을 주셨는데 다시 수술이 연기되고 말았어요. 이렇게 우리를 곤혹스럽게 하실 수는 없어요. 이번에도 우리를 도와주세요."

하루가 지나자 어쩐 일인지 앤튼의 몸이 다시 좋아졌다. 그래서 예정대로 수술을 할 수 있게 되었다. 앤튼은 즉시 수술을 할 병원으로 옮겨갔다. 수술 전 검사에서 별 이상이 나타나지 않아 기다리고 기다리던 수술이 마침내 시작되었다. 수술이 진행되는 동안 의사와 앤튼을 위해 난 계속 기도했다. 6시간이 지난 후에야 의사가 수술실에서 나왔다.

"다 끝났습니다. 수술은 순조로웠고 성공적입니다."

이 말을 듣고서야 마음이 놓였다. 참 길고 어려운 과정이었다. 은혜가 풍성하신 하나님으로 인해 감사의 눈물을 흘리지 않을 수 없었다. 그분은 우리의 어려움을 아시고 우릴 돌보시고 도우셨다. 항상 정확한 시간에 우릴 찾아오셨고 한 번도 약속을 어기신 일이 없다. 앤튼이 처음 신장이 다시 나빠지기 시작한 걸 알았을 때부터 다시 수술받을 때까지 2년 4개월이 걸렸다.

하나님의 도우심으로 이젠 그 고통의 사슬에서 빠져나왔다. 하나님은 하나님의 사람들을 보내서서 우릴 도우셨다.

"구원자이시며 우리를 돕고 지키시는 하나님 예수 그리스도에게 감사의 찬양을 드립니다. 하나님의 보냄을 받고 우리를 도운 모든 이에게 하나님의 넘치는 축복이 흘러넘치기를 매일 기도합니다. 그리고 이 글을 읽는 모든 이에게 하나님의 축복이 있기를 기도합니다. 또 모든 이가 예수님을 믿고 그 길을 따르며 그 믿음이 더하며 어떤 것에도 흔들리지 않기를 기도합니다. 예수님의 이름으로 기도합니다. 아멘."

이글을 마무리하며

하나님이 택하신 이들은 복이 있습니다. 우리가 하나님을 택한 것이 아니고 하나님께서 우리를 택하셨기 때문입니다. 믿음의 길을 가면서 여러 시험을 만나지만, 그것은 모두 우리의 믿음을 정결케 하기 위한 것입니다. 때로 세상살이가 힘들고 고난과 핍박이 있지만, 그렇다고 예수님을 믿고 난 후의 삶은 늘 어렵고 문제투성이겠구나! 지레짐작할 필요는 없습니다. 모든 시험에는 하나님의 목적이 있습니다. 하나님 안에서 살게 된 사람들이 이러한 시험을 겪어야 하는 이유는 자신의 정체성을 더욱 분명히 알기 위해서입니다.

시험을 통해 진짜 믿음, 즉 어떤 상황에서도 하나님을 향하는 정금 같은 믿음이 나오게 됩니다. 베드로전서 1장 6~9절은 이렇게 말합니다.

"그러므로 너희가 이제 여러 가지 시험으로 말미암아 잠깐

근심하게 되지 않을 수 없으나 오히려 크게 기뻐하도다 너희 믿음의 확실함은 불로 연단하여도 없어질 금보다 더 귀하여 예수 그리스도께서 나타나실 때에 칭찬과 영광과 존귀를 얻게 할 것이니라 예수를 너희가 보지 못하였으나 사랑하는도다 이제도 보지 못하나 믿고 말할 수 없는 영광스러운 즐거움으로 기뻐하니 믿음의 결국 곧 영혼의 구원을 받음이라" (개역개정)

하나님이 우리 삶 속에 고난을 허락하신 이유는 그것이 우리에게 유익하기 때문입니다. 나중에 때가 되면 능력 있는 분이 우리 삶을 모두 고치시고 싸매실 것입니다. 하나님의 시간은 완전하고 정확하게 도래합니다. 때론 그분의 시간표를 이해하기 어렵습니다. 그러나 우리가 시험을 통과할 때 하나님의 시간이 가장 정확하다는 것을 믿어야 합니다.

하나님 안에서의 삶이란 문제가 없는 삶을 뜻하는 것은 아닙니다. 하지만 하나님의 축복 안에서 사는 사람은 항상 그 문제를 이겨냅니다. 하나님의 다함이 없는 은혜는 항상 우리와 함께합니다. 아멘.

그 후의 이야기

바이끄의 남편인 앤튼의 신장이 다시 안 좋아져서 수술을
기다리고 있을 때의 일이다. 수술한 비용이 부족하기도 하고
또 비용이 마련된다고 하더라도 환자의 상태가 수술을 견딜 수
있을 정도로 좋지 않아서 우리도 몇 군데 기도를 부탁하였다.
우리 기도 부탁을 받은 사람 중에는 미국에 사는 처형 가족도
있었다. 처형은 그 전에 바이끄의 간증도 읽었기에 어느 정도
사정을 알고 있었다. 그래서 상황을 듣고는 교회 소그룹 모임
에서 앤튼과 바이끄 이야기를 나누고 함께 기도했다.

처형 가족은 주로 LA 인근 지역 한인 1.5세와 2세 교포가 모
이는 작은 교회를 섬기고 있었다. 교회 건물도 없이 다른 교회
건물을 빌려서 모이는 교회였다. 소그룹 모임에서는 앤튼과 바
이끄의 이야기를 듣고 계속 기도해 주었고 꽤 많은 금액을 모
아 보내주기까지 하였다. 바이끄는 얼굴도 본 적이 없는 이들
이 미국에서 자신들을 위해 기도하고 재정으로도 도우려 한다
는 사실에 아주 고마워했고 그로 인해 힘을 얻었다. 그리고는
자신이 매일 기도 제목에 미국에 있는 이 작고 연약한 교회를
올리는 것도 잊지 않았다.

2018년 8월 초, 나는 3년간의 인도네시아 법인 근무를 마치

고 돌아왔다. 그리고 본사에서 인도와 스리랑카 지역을 포함한 남아시아 사업을 담당하게 되었다. 약 1년 반 동안 스리랑카를 방문할 일이 네 차례나 있었다. 그 전부터 스리랑카를 찾아가 앤튼과 바이끄 가족을 방문해 볼까 하는 생각을 하긴 했지만 정작 실행에 옮기지 못했다. 그런데 회사 일로 스리랑카를 가게 되리라고는 생각지도 못했다.

네 차례에 걸친 출장 중 앤튼과 바이끄 가족을 콜롬보에서 3번 만날 수 있었다. 출장차 간 것이라 오랜 시간 얘기할 수 있는 여유는 없었다. 그 가운데 두 번은 업무 일정을 마친 후 저녁 시간을 내어 함께 식사했고 한 번은 시간을 내기가 어려워 호텔에서 아침 식사를 함께했다.

내가 처음 콜롬보를 찾았을 때는 2018년 11월이었다. 2011년 초, 말레이시아에서 만난 이후 7년 반 만에 앤튼과 바이끄 가족을 만날 수 있었다. 앞서 바이끄가 이야기했듯이 그사이 많은 일이 있었다. 바이끄 동생이 아팠고 앤튼도 많이 아팠다. 앤튼은 신장이식 수술을 받고 회복되었다. 앤튼의 상태가 좋지 않을 때 바이끄가 앤튼의 사진을 보내주었다. 사실 그 사진만 볼 때는 상황이 매우 안 좋아 보여서 회복이 어려울 것 같다고 생각하기도 했다.

이렇게 회복되어 다시 만나게 된 사실 자체가 기적 같았다. 제대로 숨을 쉬지 못하고 영양 공급도 제대로 되지 않아서인지 사진 속 앤튼은 피골이 맞닿은 모습으로 환자복을 입고 침상에 누워있었다. 그런데 콜롬보에서 다시 만난 앤튼은 얼굴에 살도 붙고 웃는 모습이어서 안심이 되었다.

앤튼과 바이끄의 집에서 내가 묵는 숙소까지는 약 2~3시간 거리였다. 부부만 올 줄 알았는데 친척 차를 얻어타고 두 아이도 함께 왔다. 아침 시간에 만났을 때도 아이들이 함께 왔다. 아이들이 새벽에 일어났을 것을 생각하니 안쓰러웠다. 그러나 앤튼, 바이끄 부부는 아이들도 함께 오는 것이 당연하다고 생각하는 것 같았다. 아이들은 수줌음을 타고 영어도 익숙하지 않았다. 그래서 본 적은 있지만 오랜만이라 기억이 나지 않아 부모님으로부터 말로만 들었던 삼촌이 말을 걸며 이것저것 물어봐도 그냥 웃기만 했다.

내가 스리랑카 사업을 담당하게 되면서 콜롬보에서 앤튼과 바이끄 가족을 만나 같이 식사하게 된 것이 믿어지지 않았다. 짧은 만남이라 아쉬웠고 아내와 아이들이 함께 하지 못한 것도 아쉬웠다. 그러나 이렇게라도 만날 수 있는 것만도 하나님의 은혜라며 함께 감사했다. 헤어질 때는 직접 볶은 케슈넛을 홍차와 함께 건네어 주는 것을 받아 왔다. 부피가 크고 무게가 나가는 케슈넛을 비행편에 가져가는 것이 좀 불편했지만, 막상 집으로 돌아오고 나니 케슈넛을 먹고 홍차를 마실 때마다 스리랑카에서 만난 이 가족이 생각나서 좋았다.

바이끄의 글에서 알 수 있듯이 바이끄 어머니는 심장이 좋지 않다. 병원에 가보았는데 스텐트 시술이 필요하다고 한다. 그런데 어머니는 무섭다고 시술을 하지 않겠다고 하는 모양이다. 바이끄는 어머니와 동생이 걱정되기도 하고 가족을 만나본 지도 오래되고 해서 아이들이 방학하면 롬복을 다녀올 계획을 세우고 여행경비도 마련하였다. 그런데 2020년 초부터 시작된 코로나-19의 여파로 롬복을 다녀올 수 없게 되었다.

인도네시아와 스리랑카도 코로나-19로 큰 피해를 보았다. 코로나-19 상황에 따라 통행금지가 자주 발령되어 아무것도 할 수 없고 어디에도 갈 수가 없게 되었다. 롬복으로 가기 위해 모아둔 돈도 당장 생계를 위해 써야만 했다. 내가 이 글('그 후의 이야기')을 쓰고 있던 2021년 8월 22일, 바이끄로부터 급작스럽고 슬픈 메시지가 왔다. 동생이 오전에 세상을 떠났다는 것이다. 동생은 루푸스 때문에 신장이 망가져서 투석을 받는 중이었는데 코로나-19까지 걸렸다. 코로나-19에서 회복해서 투석치료도 계속하고 있다가 세상을 떠난 것이다. 도무지 믿어지지 않는 소식이었다.

앤튼에게 전해 듣기로는 바이끄는 며칠 잠도 이루지 못하고 서럽게 울었다고 한다. 코로나-19 때문에 롬복에 갈 길도 막히고 동생을 못 본 지 몇 년이 지나던 차에 갑자기 세상을 떠나니 그 슬픔이 얼마나 클지 도저히 가늠할 수 없었다. 바이끄는 동생이 떠나기 며칠 전 기도하다가 하늘에서 금빛 번개와 함께 금빛의 무지개 같은 형상을 보았다고 했다. 어쩌면 그것이 하나님의 메시지일지도 모른다고 바이끄는 생각한다. 동생이 질병으로 고통을 받다가 떠났지만, 그 고통으로 인해 하나님을 알게 된 것을 위안 삼아 마음을 다잡고 있다.

스리랑카는 코로나19 대응이 미흡하고 백신 접종률도 높지 않아서 통행금지 조치가 자주 내려진다. 최근에는 러시아-우크라이나 전쟁 등으로 인해 생필품 가격이 급등하고 경제위기가 스리랑카를 덮쳤다. 소요사태가 일어나기도 했다. 당장 일을 해야 생계를 이어갈 수 있는 가정에는 큰 타격이다. 앤튼과 바이끄 가정도 경제적으로 많은 어려움을 겪고 있다. 언제 롬복에 가서 부모님과 가족을 볼 수 있을지도 확실하지 않다. 바이끄는 이 모든 어려움 속에 계속 기도에 힘쓰고 있다. 기도 밖에는 방법이 없기 때문이다.

옮긴이의 마무리 글

우리 곁의 무슬림

2016년 말, 『알라를 찾다가 예수를 만나다』(새물결 플러스)가 번역 출간되었다. 파키스탄계 미국인이며 아흐마디야파 무슬림 배경을 가진 나빌 꾸레쉬가 진리를 찾는 여정 속에 어떻게 예수를 알고 믿게 되었는지의 여정을 담은 책이다.

나빌 꾸레쉬의 이야기를 읽고 많은 사람들이 큰 도전을 받았다. 나도 그들 중 하나이다. 진리에 대한 나빌의 치열하고 정직한 태도가 인상적이었다. 아마 이 책을 읽고 이슬람과 무슬림에 대해 편견을 조금이나마 깬 사람이 있으리라 생각한다. 또 무슬림과 어떻게 친구가 되어 우정을 쌓아갈 수 있는지, 또 우정을 토대로 어떻게 신앙적으로 도움을 줄 수 있는지에 대해 자문할 기회도 얻었을 것이다.

『알라를 찾다가 예수를 만나다』가 나오기 전, 무슬림 배경 그리스도인이 쓴 간증을 모아 놓은 웹사이트에서 나빌 꾸레쉬의 간증을 읽은 적이 있다. 이 사이트에는 중동, 아프리카, 동남아, 중앙아시아 등 세계 각지의 무슬림 배경 신자의 간증이 실려 있었다. 그 가운데 나빌의 간증은 '북미 지역 출신 신자의 간증'으로 분류되어 있었다. 지역에 따른 분류가 아니라 내용상으로도 북미 냄새를 풍긴다는 생각이 들었다. 한 예로 지적 탐구를 통해 길을 찾는 과정과 변증의 요소가 두드러졌다. 물론 다른 지역 신자의 간증에는 지적인 탐구가 없다는 뜻이 아니다. 나빌의 글이 유난히 지적이라는 뜻도 아니다. 다만 그의 간증에서 북미 출신 신자들의 간증에서 뚜렷이 드러나는 공통적인 특징을 찾아볼 수 있다는 말이다.

나빌은 파키스탄계 미국인 무슬림이다. 그런데 그의 책을 읽어보면 그는 미국에서 교육받고 미국인처럼 사고하는 영락 없는 미국인이다. 이 책의 주제 자체가 변증은 아니지만 그래도 책의 상당 부분이 변증에 할애되어 있다. 친구와의 대화도 그렇고, 나빌 자신도 내면에서 치열한 사고의 과정을 거친다.

이슬람 세계에 있는 무슬림을 떠올려보면 나빌 같은 사람도 있지만 그렇지 않은 사람도 많은 것 같다. 특히 아시아와 아프리카 사람들은 신앙에 대해서도 서구 사람들과는 다른 접근을 하는 경향이 있다. 무슬림이면서도 이슬람에 대해 잘 모르는 사람도 많다. 우리도 마찬가지이다. 우리가 신앙을 갖게 된 동기를 생각해 보자. 지적인 동의와 이해라는 요소도 중요하겠지만, 이외의 다양한 요소가 영향을 미친다.

만일 내가 나빌의 친구이거나 이웃이었다면 책에 나타난 것처럼 그를 도울 수 있었을지 생각해 보았다. 기독교와 이슬람에 대해 꿰고 있지 않고서야 나빌 같은 무슬림을 설득할 수 있을까? 즉 무슬림이 이해할 만한 방식으로 기독교 신앙에 관해 설명할 수 있을까? 또 이따금 제기하는 의문과 질문에 적절한 답을 할 수 있을까? 이 모두가 쉬운 일은 아니라는 생각이 들었다.

　이런 생각을 하던 중 바이끄가 떠올랐다. 바이끄는 인도네시아 사람이다. 문화가 조금 다르긴 하지만 그래도 우리와 같은 아시아 사람이다. 기도와 금식, 꾸란 암송 같은 종교적 의무를 성실하게 수행하고 종교와 가족을 중시하는 전통적 가치를 가지고 있다. 그러나 이슬람에 대해서 아주 잘 알고 있지는 않다. 무슬림이 이슬람에 대해서 잘 알지 못한다는 것은 결코 이상한 일이 아니다. 무슬림이지만 정작 이슬람에 대해서 알지 못하는 이가 꽤 많다. 기독교인이라고 해서 기독교에 대해 다 잘 아는 것이 아닌 것처럼 말이다. 게다가 바이끄는 한국에 와서 우리 곁에 살았다. 우리 주위에서 흔히 만날 수 있는 무슬림 가운데 하나이다. 우리가 조금만 관심을 기울이면 주위에서 바이끄 같은 무슬림을 만날 기회가 얼마든지 있다. 또한 해외에 나가면 무슬림을 만날 기회가 훨씬 더 많아진다. 요즘엔 일이나 학업 등 이유로 장단기 해외 체류 기회가 많다. 그리고 바이끄 같은 무슬림을 흔히 만날 수 있다.

　우리 이웃이던 무슬림 바이끄가 어떻게 예수를 알고 믿게 되었는지를 직접 그에게서 듣는 것도 의미 있는 일일 것 같다는 생각이 들었다. 바이끄와 같은 무슬림이 어떻게 예수를 통해 하나님을 알게 되었는지를 알면 무슬림을 돕는 것이 훨씬 덜 부담스러운 일이 될 것 같았다. 그래서 바이끄에게 자신의 이야기를 한번 써보라고 권유했다. 바이끄는 글을 써본 적은 없지만, 자기 경험이 다른 사람에게 도움이 될 수 있다면 그렇게 하겠다고 했다. 바이끄는 연습장에 글을 쓴 후, 사진을 찍어 며칠 단위로 메신저로 보냈다.

바이끄의 글은 한마디로 평범한 한 무슬림 여성이 한국 땅에 와서 나그네로 있다가 예수님을 만나게 된 이야기이다.

바이끄는 왜 그리스도인이 되었는가?

앞서 말했듯이 나빌의 책이 우리나라에 출간되기 전, 나는 나빌처럼 무슬림이었다가 그리스도인이 된 세계 각처 사람들의 간증을 100여 편을 집중적으로 읽었다. 각 사람의 이야기는 모두 특별했다. 하나님께서 한 사람, 한 사람을 특별하게 인도하셨음을 알 수 있었다. 그 가운데서 공통점을 발견할 수 있었다.

무슬림은 어릴 때부터 '하나님(알라) 외에는 신이 없으며, 무함마드는 하나님(알라)의 사도이다.'라는 신앙고백 '슈하다'(syuhada)를 고백한다. 무슬림이 이슬람을 떠나 예수를 믿게 되기는 쉽지 않다. 그러나 무슬림을 이슬람으로부터 밀어내고(push) 기독교 신앙으로 끌어당기는 것(pull) 작용을 하는 몇 가지 요인이 작용하는 것 같다. 바로 이러한 요인이 무슬림으로 하여금 자신의 신앙을 다시 생각해 보게 한다. 더 나아가 예수님을 통해 하나님을 찾는 여정을 시작하게 한다. 그 여정은 몇 년이 걸리기도 한다.

바이끄의 이야기에서도 그러한 요인들이 보인다. 바이끄의 이야기는 평범하게 보이지만 읽어보면 다음과 같은 점이 발견된다. 이것은 여느 무슬림 배경 신자들의 이야기에서 자주 볼 수 있는 것이다. 바이끄는 어릴 때부터 하나님을 찾고자 하는 갈망을 품고 있었다. 어릴 때부터 기도하고 금식하고 꾸란을 읽으면서 무슬림의 의무를 다했지만, 외적인 의식만으로는 채울 수 없는 어떤 내적인 갈증을 느꼈다. 본문에 있는 것처럼 바이끄는 하나님은 어디에 있는지 하나님을 어떻게 찾을 수 있는지 여러 번 묻는다. 물론 질문의 대상은 하나님이다. 단지 그 하나님이 누구인지 잘 모를 뿐이다. 이처럼 채워지지 않는 영적 갈망이 지금 당장은 아니어도, 또 이슬람에 대한 환멸이나 회의로까지 이어지지 않더라도 최소한 이슬람 밖에서 진리를 찾아볼 수 있도록 하는 계기를 마련한다.

바이끄는 아랍글자를 배워 꾸란을 소리 내 읽을 줄은 알았지만 자기가 읽는 게 무슨 뜻인지는 몰랐다. 그는 뜻도 모르는 아랍글자로 꾸란을 읽는 것이 무슨 의미가 있냐고 아버지에게 물어본 적이 있다는 말을 내게 한 적이 있다. 이 질문에 대해 이해할 만한 답을 아버지에게서도 동네 사원에 있는 지도자에게서도 들은 적은 없었을 것이다. 인도네시아어로 번역된 꾸란의 의미를 읽어도 이해하기가 쉽지는 않았을 것이다.

꾸란은 그 뜻이 무엇인지 풀어주고 도와주는 사람이 없으면 혼자 읽기가 어려운 책이다. 그러니까 바이끄는 왜 기도하고 금식해야 하는지 잘 알지 못하면서도 해야 한다고 하니까 열심히 의무를 다했다. 바이끄에게 필요했던 것은 의미와 설명이 아니었을까?

바이끄가 기독교와 성경에 대해서도 호기심을 가지게 된 것은 자연스러운 결과일지 모른다. 무슬림 중에도 이처럼 기독교에 대해서 기독교의 경전인 성경에 대해 궁금해하는 이들이 있다. 꾸란에는 예수(이사)나, 모세(무사), 노아(누), 요셉(유시프), 요나(유누스) 같이 성경에 나오는 인물들이 등장한다. 이야기는 성경과 비슷한 부분도 있고 아주 다른 부분도 있다. 하지만 꾸란은 이들에 대한 정보를 충분히 제공하지 않는다. 이야기가 약한 것이다. 예를 들어 모세와 출애굽 관련 이야기기는 꾸란 여기저기에 부분적으로 나오지만, 모세와 출애굽 전체 줄거리를 한눈에 읽고 이해하려면 구약성경 출애굽기를 봐야 한다. 하지만 대부분의 무슬림은 지금 우리가 가지고 있는 성경은 수정되어 오염되었다고 배우고 믿기 때문에 모세와 출애굽 이야기를 더 잘 알기 위해 성경을 펼치지는 않는다. 바이끄는 성경 이야기를 소재로 한 영화를 접했을 때나, 누군가가 그에게 성경을 건네주었을 때, 호기심을 갖고 거기에 담긴 이야기를 알고 싶어 했다. 종교 지도자와 어른들로부터 꾸란이 최후의 경전이며 완벽한 경전이기 때문에 다른 데 눈을 돌릴 이유가 전혀 없다고 배웠음에도 불구하고 말이다.

바이끄가 경제적 어려움 때문에 집을 떠나 먼 나라까지 일하러 오게 되는 것도 중요한 요인 중 하나이다. 본문에도 언급이 있는 것처럼 바이끄는 대도시를 낯설어한다. 한국에 오기위해 인력 송출회사를 찾아 자카르타를 가본 적이 있는데 너무무섭고 정신이 없었다고 말한 적이 있다. 자카르타를 '눈 감으면 코 베어 가는' 곳이라고 생각하는 것 같았다. 같은 나라에 있는 자카르타도 그렇게 무서워하는데 어떻게 그 먼 한국까지 와서 일할 생각을 다 했을까? 이 외에는 다른 방법이 없었기 때문일 것이다. 미래가 없는 현실이 바이끄를 한국으로 이끈 것이다.

많은 무슬림이 이처럼 다양한 이유로 집과 고향을 떠나 다른 지역으로 간다. 물론 나그네가 되어 다른 나라와 다른 지역에 사는 것이 무슬림만은 아니다. 그러나 대다수 이슬람권 지역이 정정(政情) 불안과 경제적 어려움으로 인해 불가피하게나그네가 되어 새로운 삶의 터전을 찾는 경우가 많다. 또 정치적·종교적으로 핍박을 피해 도망하는 예도 있다. 내가 읽은 간증에서는 여성이라는 이유로 아버지가 공부도 더 이상하지 못하게 한다거나 아니면 원치 않는 사람과 결혼해야 한다거나 하는 이유로 집을 떠나온 이야기도 있었다. 아니면 난민이 되는사람도 많다.

많은 무슬림이 나그네가 되어 낯선 땅에 갔을 때, 이슬람이아닌 다른 종교에서 가치와 진리를 찾아볼 기회를 얻게 된다. 내 나라, 내 고향 집에서 가족과 함께 사는 것이 훨씬 안락하고 행복하겠지만, 이러한 환경에서는 새로운 생각과 신앙이 파고들 틈이 없다. 무슬림은 특히 더 그렇다. 바이끄가 가족과 헤어져 낯선 먼 나라까지 와서 힘들게 일하는 외로운 삶을 바라지는 않았을 것이다. 그러나 만일 롬복에만 머물렀다면 이슬람 밖에서 다른 길을 찾기는 어려웠을 것이다.

한국에 와서 외롭고 도움이 필요한 바이끄의 옆에는 친절한 그리스도인들이 있었다. 앤튼과 바이끄가 교회에서 만나 아버지라고 부르는 분은 작은 사업을 하면서 넉넉하지 않은 형편에도 아픈 앤튼의 병원비와 생활비, 그리고 거처를 마련해 주었다. 크나큰 희생과 헌신이다. 하지만 이렇게 큰 헌신만 있었던 것은 아니다. 바이끄의 이야기 여기저기에는 일상 가운데 사소하지만 따뜻한 친절을 베풀었거나 본이 되는 삶을 보여준 그리스도인의 이야기가 나온다. 물론 기독교인이라고 다 좋은 사람만 있는 것도 아니다. 또한 무슬림 가운데도 따뜻하고 친절한 사람이 많다. 하지만 기독교 신앙을 받아들이게 된 무슬림의 이야기를 들어보면 그 주위에는 그리스도인의 크고 작은 친절과 도움과 헌신이 큰 역할을 한 경우가 많다.

바이끄가 앤튼을 따라간 교회에서 성경을 받아 와서 읽는 장면도 주목할 필요가 있다. 많은 무슬림이 성경에 대해 적대적인 감정을 지니고 있다. 원래 이슬람의 가르침에 따르면 토라와 인질, 시편을 꾸란이 계시가 되기 전에 다른 선지자에게 계시한 경전으로 인정하고 높이 쳐 주어야 하지만 지금 대부분의 무슬림은 유대교인과 기독교인이 들고 있는 성경은 가감, 변개된 것이라고 믿어 경전으로 인정하지 않는다. 또, 지금 성경이 (이슬람에서는) 선지자인 예수가 하나님의 아들이라는 내용을 담고 있는 것도 불만이다. 그래서 많은 선생이 신자들에게 성경을 읽지 못하게 하거나 읽을 필요가 없다고 말한다. 꾸란이 완전하게 내려온 최후의 계시이기 때문에 다른 불완전하고 오염된 책을 찾을 필요가 없다는 것이다.

교회에서 누군가 성경을 읽어보라고 건네었을 때 바이끄는 받고 싶지 않았지만 동시에 강렬한 호기심을 느꼈다. 친구들이 혹시라도 볼까 봐 숙소로 가지고 오자마자 숨겨 놓고도 이 성경을 펼쳐 보지 않고는 견딜 수 없는 마음이었다. 그리고 우연히 펼쳐 본 페이지에 있는 한 구절이 바이끄를 사로잡았다. 무슬림 배경 신자의 이야기를 읽어보면 무슬림이 성경을 별생각 없이 읽다가 그 가운데 강렬한 충격을 받게 되는 일이 꽤 있음을 알 수 있다. 그래서 어쩌면 이슬람에 대해 잘 모르고 무슬림을 어떻게 도와야 하는지 잘 모를 때는 무슬림 친구가 읽을 수 있는 언어로 된 성경을 건네주는 것이 때로 예수를 소개하는 가장 좋은 방법이 될 수도 있다.

바이끄처럼 특정한 성경 구절에 이끌리는 무슬림이 있는가 하면, 예수의 말씀과 이야기를 읽으며 강한 영적, 도덕적 권위를 느끼는 무슬림도 있다. 청년 예수의 가르침이 바리새인이나 서기관의 가르침과 같지 않다고 느꼈던 2천 년 전 갈릴리 사람들처럼 말이다. 변증도 영향을 미쳤다. 바이끄의 이야기에 변증의 내용이 구체적으로 나오진 않지만 앤튼과 바이끄가 교제하던 초기에 종교를 주제로 자주 이야기했다는 얘기가 나온다. 바이끄는 동네 종교 지도자들에게 들었던 변증의 내용을 사용했을 것이고 앤튼도 여기에 대해 지혜롭게 잘 대답한 것 같다.

스리랑카에도 무슬림이 전체 인구의 10% 정도 되니 앤튼도 이슬람에 대해 알 테고, 무슬림이 기독교 신앙에 대해 공격하는 것에 대해서도 나름대로 답을 가지고 있었을 것이다. 앤튼은 미리 알고 있는 지식과 더불어 자신의 신앙과 믿음에 근거해서 정리한 대답을 했고, 그것이 이치에 맞는다고 바이끄는 생각했던 것 같다.

무슬림을 만날 기회가 없어서 이슬람에 대해 많이 알지 못해도 변증으로 무슬림을 도울 수 있다. 요즘은 좋은 자료를 구할 방법이 많다. 기독교와 이슬람에 대한 변증을 주요 내용으로 하는 웹사이트도 있고, 에필로그 처음에 소개한『알라를 찾다가 예수를 만나다』같은 책도 좋다. 이슬람을 잘 모르는데 무슬림의 질문에 혼자 다 답을 하기는 어렵다. 좋은 자료를 찾아주거나 소개해 주거나 다른 사람의 경험을 글로 정리한 것을 읽을 수 있게 해 주는 것도 좋은 방법이다. 나도 이슬람에 대해 잘 알지 못하지만, 평소 이슬람 배경의 신자들이 왜 기독교 신앙을 받아들이는지를 관심을 가지고 간증을 읽었기에 바이끄가 필요할 때 이슬람 지도자였다가 기독교인이 된 인도네시아 사람이 쓴 간증과 변증을 소개해 줄 수 있었다.

마지막으로 바이끄의 이야기에서도 많은 무슬림 배경 신자들의 간증에서 볼 수 있는 신비한 체험이 등장한다. 물론 체험은 주관적이다. 주관적인 체험을 절대시할 수는 없다. 하지만 이슬람 세계 곳곳에서 무슬림들이 꿈이나 환상, 기적적인 기도 응답을 통해 예수 그리스도를 받아들이고 있는 현상이 일어나고 있는 것은 사실이다. 그런 일이 바이끄에게도 일어났다. 바이끄는 자주 꿈을 꾼다. 바이끄는 먼 타국에서 아파서 희망이 없어 보이는 앤튼의 방에 등불이 가득 켜진 것을 꿈에서 보았다. 바이끄는 그 꿈을 앤튼이 기도할 때 체험한 것과 연결 지어 해석하였다. 또, 바이끄는 기적적인 기도 응답을 많이 경험했다. 동생이 아팠을 때, 그리고 자녀들이 아플 때 기도하면 병이 갑자기 낫거나 차도를 보이는 일이 일어났다. 이런 기도 응답은 바이끄의 신앙만 굳세게 해 준 것이 아니다. 무슬림인 가족도 바이끄의 기도가 응답받는 것을 보면서 그 신앙을 받아들이게 되거나 아니면 적어도 그의 신앙을 인정하게 되었다.

하나님은 이미 바이끄와 함께 계셨다

거듭 말하지만 무슬림이 예수를 하나님이라고 고백하는 것은 쉬운 일이 아니다. 바이끄처럼 많은 무슬림 배경 신자들은 단 하나의 요인으로 예수를 믿게 되지 않는다. 꿈이나 환상에서 예수를 보거나 하면 바로 기독교 신앙을 갖게 될 것 같지만 그렇지 않은 경우도 많다. 그래서 바이끄의 이야기에서처럼 많은 무슬림 배경의 신자들 이야기에서 예수를 믿게 되는 것은 하나의 과정이다. 그 여정 중에 극적이고 강렬한 이벤트는 있을 때도 있고 없을 때도 있다. 바이끄에게 그 과정은 바이끄가 예수님을 찾아서 예수님을 통해 하나님을 만나기 전에 시작되었다.

바이끄가 하나님을 찾기 전에 하나님이 바이끄를 먼저 찾아주셨다고 말할 수도 있겠다.

사실 바이끄에게 글을 써보라고 권유하고 원고를 받아 보았을 때는 살짝 난감하기도 했다. 이야기가 내가 생각했던 것만큼 극적이고 강렬한 것 같지 않았기 때문이다. 바이끄에게 일어난 일은 그에게가 아니더라도 누구에게라도 일어날 수 있는 일이다. 간단하게 얘기하면 이야기가 너무 잔잔했다. 하지만 이야기를 읽어가면서 그 잔잔함이 바이끄 이야기의 약점이 아니라 강점일 수도 있겠다고 생각하게 되었다.

바이끄 이야기를 읽어보면 하나님은 그의 삶 가운데 언제나 그렇게 잔잔하게 함께하시고 그를 인도해 주셨다는 것을 알 수 있다. 이것은 바이끄의 고백이기도 하다. 바이끄는 무슬림이던 시절부터 하나님의 도우심을 느꼈다. 본문에 나와 있듯이 한국에 오기 전 오토바이 사고를 당했지만 크게 다치지 않은 이야기, 그리고 자카르타에서 롬복으로 혼자 길을 나서야 했을 때 아픈 바이끄에게 약을 주고 배에서 이상한 사람으로부터 바이끄를 지켜주었던 좀 수다스럽지만 좋은 아저씨를 만난 이야기를 하며 바이끄는 그것을 다 하나님의 돌보심으로 고백한다.

하나님이 바이끄를 알고 그에게 눈길을 주시고 그를 보신 것은 바이끄가 예수를 통해 하나님을 만나고 알기 훨씬 전부터이다. 무슬림으로서 열심히 기도하고 금식하고 부모님께 순종하던 그 시절에도 하나님은 바이끄와 함께 하셨다. 바이끄가 하나님이 어디 계시느냐고 찾아 부르던 때, 아버지에게 아랍글자로 된 꾸란을 뜻도 모르고 소리를 내 읽는 것이 무슨 소용이 있냐고 묻던 때 이미 하나님께서는 바이끄를 찾고 먼저 그를 부르고 그에게 하나님을 찾는 마음을 불어 넣어 주셨다. 바이끄의 이야기에 다 나오지는 않지만, 한국에서 일하던 그 시간, 하나님을 부르고 기도는 하지만 예수님의 이름으로 기도하는 것은 모르던 그때에도 하나님이 그의 기도를 들으시고 순간순간 돌보셨다는 고백을 몇몇 에피소드를 통해서도 들을 수 있었다.

하나님의 눈높이 교육은 진행형

바이끄의 이야기를 읽어보면 다른 무슬림 배경 신자들의 간증에서와 같이 신비로운 체험에 관한 이야기들이 나온다. 이런 체험이 바이끄가 예수를 믿는 데 결정적 역할을 한 것은 아니지만 신앙이 성장하는 데는 꽤 중요한 역할을 했다. 바이끄는 꿈도 자주 꾼다. 꿈을 꾸고 나서는 꿈 내용이 의미하는 바가 무엇인지를 곰곰이 생각해 보고 해석을 하고 기도할 필요가 있으면 기도도 한다.

바이끄와 앤튼이 출석하여 섬기는 교회가 예언과 방언, 은

사를 중시하는 곳이라는 것은 바이끄의 이야기를 읽어보면 쉽게 알 수 있다. 은사에 대한 견해는 교단이나 신학에 따라 다를 수 있다. 바이끄의 간증을 보면서 전혀 문제를 느끼지 못하는 이들도 있을 것이고 은혜롭지만 어떤 부분에 이르러서는 고개를 갸웃거릴 사람도 있을 수 있다.

바이끄는 때때로 하나님께서 목사님을 통해 '이렇게 말씀하셨다.' 또는 '이렇게 명령하셨다'와 같은 표현을 쓸 때가 있다. 문제로 삼을 수 있는 표현이다. 개인적으로는 옮긴이인 나부터가 이런 표현에는 동의하지 않는다. 하지만 그 전에 바이끄가 어떤 환경에서 믿음을 가지게 되었고 어떻게 신앙생활을 하고 있는지 들여다볼 필요가 있다.

바이끄는 모국어라 할 수 있는 인도네시아어나 롬복의 언어로 예배를 드리거나 신앙을 공부할 기회가 없었다. 바이끄는 한국에서 신앙생활을 처음 시작했다. 잠시 인도네시아로 돌아갔을 때는 가족들의 눈 때문에도 그렇고 가까운 곳에서 교회를 찾기도 어려워 교회에 갈 엄두를 내질 못했다. 지금은 스리랑카 교회에 출석하고 있다. 성경과 신앙을 한국어와 영어, 싱할라어를 통해서만 배웠던 것이다. 인도네시아어로 된 성경을 가지고 있는 게 그나마 다행이다. 결혼하여 스리랑카에 가서 산 지 이제 10년이 넘어서 싱할라어로 일상생활을 하는 데는 큰 문제가 없겠지만 그 언어로 성경을 공부하고 신앙을 더 깊이 공부하여 들어가는 것은 또 다른 문제이다. 체계적으로 성경과 신앙을 공부할 기회가 거의 없었다고 봐야 한다.

　그런 상황에서 바이끄가 극복해야 했던 어려움은 상상을 초월한다. 무슬림인 가족의 반대를 예상하며 그리스도인이 되었고 기독교인이면서 외국인인 앤튼과 결혼하였다. 결혼해서는 말도 문화도 모두 다른 스리랑카에 와서 경제적으로도 어려움을 겪으며 남편과 아이들을 돌보았다. 남편은 신장이 다시 나빠져서 죽을 고비를 넘기기도 하였다. 그런 와중에 롬복 친정에 있는 어머니는 심장이 안 좋다는 소식이 들리고 동생은 루푸스병으로 고생하였다. 바이끄는 아픈 어머니와 동생을 자주 찾아가기도 어려웠지만 전화와 메시지로 가족을 위로하고 신앙을 심어주려 노력하였으며 한번 친정을 찾아갈 기회가 있었을 때 뭔가를 해야만 했다. 시간이 없었다. 조금 살만해졌다 싶으면 여지없이 고난의 파도가 몰려오는 그런 삶이었다.

　바이끄는 예수를 갓 믿었고 스리랑카에 처음 가서는 자신의 믿음도 약해진 상황이었다. 스리랑카와 인도네시아에 있는 가족을 건사하고 기도로 떠받치며 고난을 건더낼 만큼 믿음이 성장할 틈이 없었다. 그의 신앙은 고난의 한가운데에서 기도로 이 모든 어려움을 돌파하며 자랐다. 극적이고 강렬한 체험이 아니었다면 초신자였던 그가 이 짧은 시간에 어떤 어려움에도 흔들리지 않고 기도하는 믿음의 사람으로 준비될 수 있었을까 하는 생각도 든다. 어쩌면 이것이 하나님이 바이끄의 상황과 그의 눈높이에 맞춰서 준 맞춤 커리큘럼이었을지도 모른다. 그리고 스리랑카 같은 제3세계에서 가장 부흥하는 교회가 오순절 계통의 교회인 상황도 고려할 필요가 있다.

그리고 본문에 많이 나오는 아픈 사람을 위해 기도하는 장면에 대해서도 잠시 짚어보고 넘어가고자 한다. 신장질환을 앓았던 남편 앤튼과 루푸스를 앓았던 막냇동생, 그리고 지산과 잉까 두 자녀가 종종 아플 때 바이끄는 항상 기도한다. 그렇다고 하여 바이끄가 의료상의 치료보다 기도를 더 우선시하거나 한 것은 아니다. 누가 아프면 병원도 가고 기도도 한다. 하지만 병원에서 할 수 있는 처치를 다 하고 의사도 더는 할 수 있는 것이 없다고 손을 든 상황에서는 하나님께 기도하는 그것밖에는 의지할 것이 없었다. 두 자녀가 아팠을 때도 경제적 이유 등으로 병원에 갈 수가 없어 기도밖에 할 수 있는 것이 없었다. 스리랑카에서 가져간 물과 기름을 동생에게 발라주거나 꿈에서 본 킹 코코넛 물을 환부에 바르고 아이에게 먹이고 하는 것도 그런 행위가 의료상의 처치를 대치한다고 믿어서 그런 것이 아니다. 오히려 믿음으로 기도했을 때 하나님께서 고쳐주시기를 간구하는 간절함과 믿음의 표현으로 이해하면 좋을 것 같다.

첫 아이를 제왕절개로 낳고 둘째를 자연분만으로 낳은 사건도 당시 바이끄가 처한 형편을 고려하여 이해할 필요가 있다. 사실 인도네시아에서뿐 아니라 우리나라에서도 이런 상황이면 자연분만을 할 수 있도록 해 주는 병원은 많지 않다. 출산 과정에서 위험도가 증가한다고 보기 때문이다. 바이끄가 그런데도 산파를 찾아가서 기도하며 굳이 자연분만을 고집한 것은 의사의 조언을 무시하고 기도에 의지하겠다는 무모하고 맹목적인 믿음 때문이 아니다. 수술할 돈이 있었다면 바이끄는 틀림없이 의사의 말을 들었을 것이다. 하지만 수술을 해서 돈을 써버리면 스리랑카에 돌아갈 비용도 남지 않기 때문에 위험을 무릅쓰고 산파를 찾아갈 수밖에 없었다. 수술하지 않고 아이를 낳을 수 있도록 절박한 마음으로 기도할 수밖에 없는 형편이었다.

마지막으로 예수를 믿기로 하자마자 기도와 금식을 중지하고 무슬림으로서의 정체성을 버린 바이끄의 결정도 살펴보자. 바이끄가 선교 세미나나 콘퍼런스에 참석하여 공부한 적이 있다면 무슬림 가족과 공동체에 머물며 어떻게 그리스도인으로서 살 수 있을지 고민했을지도 모른다. 물론, '무슨 소리냐, 예수를 믿기로 했으면 철저하게 무슬림으로서의 정체성을 버리고 그리스도인 정체성을 택해야지' 하고 생각하는 이들도 있을 수 있다. 무슬림 배경의 신자가 어느 정도까지나 무슬림의 정체성을 유지하며 가족이나 공동체에 남을 수 있을까 하는 스펙트럼의 문제는 이처럼 어려운 문제이다. 선교계에서도 하나로 통일된 입장은 없다. 하물며 체계적으로 신앙도 선교도 배울 기회가 없던 바이끄로서는 예수를 믿었으니 무슬림으로서 하던 기도나 금식은 다 중단하고 무슬림이던 예전의 모습은 철저히 버리고 기독교인이 되는 것 외에 다른 선택지는 생각할 수 없었을 것이다. 그러면서도 바이끄는 하나님의 인도하심을 따라 자기 나름의 방법으로 가족 내에서 제사장의 역할을 감당한다.

바이끄의 신앙은 지금도 성장하고 성숙하고 있다. 바이끄가 은혜롭게 간증을 했다고 하여 그의 이야기에 나타난 신앙의 모습이 완성되었다는 것도 신앙인의 표준이라는 것도 아니다. 반대로 나를 포함해서 그 누구도 바이끄의 신앙이나 하나님의 인도하심에 대해 자신의 기준으로 옳고 그름을 판단하기는 어렵다. 다만 하나님께서 바이끄의 상황과 그의 눈높이에 맞게 그를 인도하셨고 지금도 인도하고 성장시키고 계심을 믿을 뿐이다.

감사와 기도

감사와 기도 제목을 나눈다. 먼저 자신의 이야기를 써서 보내준 바이끄에게 감사한다. 다른 사람에게 보여주기 위해 글을 쓴다는 것은 많은 용기가 필요한 일이다. 그런데도 바이끄는 조금이라도 자신의 이야기가 누군가에게 도움이 되길 바라는 마음에서 글을 써보라는 제의를 선뜻 받아들였다.

바이끄는 2021년 8월 말, 여동생이 갑자기 사망한 일 때문에 많이 상심해 있다. 루푸스 때문에 신장 기능이 나빠져 투석을 받고 코로나-19에도 감염되고 힘든 일이 겹쳤지만 당장 세상을 떠날 정도는 아니었는데 아마도 투석 치료 중 간호사의 실수로 의료사고가 발생한 것이 사망의 원인인 것으로 추정된다.

동생이 생전에 예수를 믿는다고 고백했고 또 동생이 꿈에 나와 언니에게 말하기도 했던 것이 바이끄에게 조금은 위로가 된 것 같다. 하지만 동생의 마지막 모습을 보지 못하고 떠나보낸 것으로 인한 비통함이 너무 크다.

바이끄는 어머니와 동생을 돌아보기 위해 롬복을 방문할 계획을 다 세워놓고 비용까지 마련해 두고도 코로나 상황 때문에 2년 가까이 가지 못하고 기다리던 중 동생을 갑자기 잃었다. 하나님의 크신 위로가 함께 하시기를 기도한다.

바이끄의 가족을 위해서도 기도가 필요하다. 남편 앤튼이 2018년, 두 번째 신장이식 수술을 받은 지 4년 반이 지났다. 이식받은 신장을 잘 관리하여 건강할 수 있도록 계속 기도가 필요하다. 또 교회에서도 평신도 지도자로서 역할을 하고 있는데 많은 사람이 앤튼과 바이끄 부부를 통해 하나님을 알고 하나님의 사랑을 경험하길 위해 기도한다. 앤튼, 바이끄 가족은 경제적으로는 여전히 어렵다. 생계를 꾸려갈 뾰족한 수단이 없는 속에서 2020년 초부터는 코로나19 상황 때문에 그나마 하던 경제활동도 여의치 않다. 두 자녀 지산과 잉까는 그렇게 곤궁하고 어려운 가운데서도 기특하게 열심히 공부하며 앤튼과 바이끄에게 큰 위로가 되고 있다.

그리고 바이끄와 앤튼에게 많은 친절과 관심을 보여준 이들에게 감사하며 하나님께서 갚아 주시길 기도한다. 내가 섬기던 공장 옆 교회에서도 많은 성도들이 바이끄와 앤튼 뿐 아니라 공장에서 함께 일하고 있는 외국인 친구들의 친구가 되기 위해 여러 해 동안 만나고 연락하고 이따금 잔치도 열고 음식을 만들어 함께 먹곤 했다. 또 한국말을 가르쳐 주기도 하고 성경 공부도 같이했다. 누구는 길게 누구는 짧게 함께 시간을 보냈다. 함께 한 시간이 짧긴 해도 그 친구들에게 친절을 베풀고 섬긴 이들도 있다. 이렇듯 모두 각자 형편에 따라 나그네로 와 있는 이들의 좋은 친구가 되고자 애썼다. 앤튼이 아팠을 때 치료비와 거처를 모두 제공해 준 '아버지' 장대순님의 이야기도 놀랍고 감동적이다. 이것은 큰 희생이고 헌신이다. 이분의 선행은 갑자기 나온 것이 아니다. 앤튼과 친구들이 처음 구로동에 있는 교회에 가기 시작했을 때부터 이분은 그렇게 나그네로 온 스리랑카와 필리핀 친구들을 가족처럼 섬겨 주었다. 사소하고 작아 보이지만 이런 섬김을 늘 해오시던 분이 앤튼과 바이끄가 정말 도움이 필요할 때 선뜻 손을 내민 것이다.

바이끄의 예에서 보듯 무슬림은 누군가 사소하게 베풀어 주는 친절을 신앙과 연결 지어 생각할 수도 있다. 공장에서 바이끄를 항상 친절하게 대해 주어 바이끄가 '어머니'라고 불렀던 직원도 그랬다. 바이끄는 어쩌면 그분이 기독교 신앙 때문에 그렇게 따뜻하고 다른 사람을 잘 돌보는 것인지도 모른다고 생각했다. 이슬람에서는 의무로 내는 이슬람세 자캇(Zakah) 외에 자발적인 기부를 사다카(Sadakah)라고 한다. 자캇은 반드시 화폐나 물질로 내야 하는 데 반해 사다카는 그렇지 않다. 친절한 행동이나 인사, 심지어 미소도 사다카가 될 수 있고 지식을 전수하는 것도 사다카가 될 수 있다고 가르친다. 우리가 무슬림 친구에게 친절하게 대하고 한국말이나 문화에 대해 알려주고 한국 생활에 필요한 실제적인 도움을 주는 것도 다 사다카가 될 수 있다. 무슬림 친구들은 우리의 행동이나 친절, 미소 뒤에 있는 신앙을 보게 될 수도 있다. 바이끄도 그러했다.

이러한 친절과 선행은 상대방을 개인적으로 잘 알아야만 행할 수 있는 것은 아니다. 미국에 있는 내 처형의 교회 소모임 구성원들은 앤튼이 두 번째 신장이식 수술이 필요했을 때 그 사정을 듣고는 얼굴도 본 적 없는 앤튼을 위해 적지 않은 금액을 모아서 보내주고 기도했다. 작고 연약한 교회이지만 다른 작은 이를 기꺼이 기도와 물질로 돌보고자 했던 이들에게 감사하며 하나님께서 이들에게 더 큰 것으로 갚아 주시길 기도한다.

좋든 싫든 앞으로 다른 문화와 종교, 가치관을 가진 사람들과 어울려 살아야 할 일은 더 많아질 것이다. 우리도 다른 나라, 다른 문화권에 가면 손님이며 나그네이다. 우리 주위에도 이미 많은 손님과 나그네가 와 있고 앞으로는 더 많은 손님과 나그네와 함께 사는 것에 익숙해져야 할지 모른다. 바이끄는 조금 일찍 온 손님이며 나그네이다. 바이끄처럼 우리의 친절과 섬김으로 인해 하나님을 알아가는 사람들이 많게 되기를 기도한다.

바이끄 이야기를 읽으면서 왠지 어머니가 떠올랐다. 바이끄가 나와 같은 세대이니 바이끄와 내 어머니와는 한 세대 정도 차이가 난다. 그러나 우리나라와 인도네시아의 경제 수준의 차이가 한 세대(30년) 정도라서 두 사람에게서 세대 차를 느끼지 못하고 기시감이 느껴진다. 바이끄처럼 어머니도 한때 꿈 많은 소녀였을 것이다. 또 바이끄처럼 어머니도 실망과 좌절을 겪었을 것이다. 하지만 분명한 것은 바이끄처럼 어머니도 그 자리에 머물러 있지 않고 씩씩하게 삶을 개척해 갔다.

어머니의 어린 시절을 나는 보지 못했다. 어머니의 젊은 모습이 조금 기억나긴 하지만 그때는 내가 어렸기에 어머니를 다 이해할 수 없었다. 물론 지금이라고 잘 이해하는 것은 아닐 것이다. 바이끄와 어머니의 삶과 경험이 똑같을 수는 없다. 비슷한 면이 있더라도 어느 정도인지는 모른다. 다만 바이끄의 이야기를 읽으면서 이런 상황에서 어머니는 어떻게 했을까, 어떤 생각을 했을까, 어떤 마음이었을까 하는 마음이 계속 들었다.

어른이 되어 예수를 알게 된 바이끄처럼 내 어머니도 육십이 넘어서 신앙생활을 시작하셨다. 바이끄를 이끄셨던 것처럼 우리 마음의 생각과 아픔과 꿈을 다 아시며 우리를 돌보시는 하나님의 축복과 돌보심이 가득하시길 감사와 사랑의 마음을 담아 기도한다.

하늘씨앗

하늘씨앗은 많이 팔 수 있는 책이 아닌 꼭 필요한 책을 출간하기 위해 수익의 전부와 성도의 후원금을 출판을 위해 사용하기로 뜻을 세웠습니다. 이 책은 그 결과물입니다.

설립 목적

하늘씨앗의 설립 목적은 사도와 선지자의 터 위에 세우신 교회와 '교회의 팔'인 선교 단체 등 신앙공동체를 지원하고 연결하는 것입니다. 특히 우리는 작은 교회, 작은 선교 단체, 작은 공동체를 돕는 일에 헌신하였습니다.

연구
성경과 사도의 전승을 연구하여 시대를 향한 하나님의 뜻을 발견한다.

출판
연구의 결과물을 출판한다.

사역

교육
말씀과 영성으로 준비된 영적 인도자를 양성하고 배출한다..

연결
영적 각성의 '씨앗'이 될 지체와 공동체를 소개하고 연결한다.

비영리 → 출판

재정과 관련된 사역 원칙

- 우리는 사역의 모든 필요를 기도로 채우겠습니다.
- 우리는 빚으로 사역하지 않겠습니다.
- 우리는 다른 단체와 경쟁하지 않겠습니다.
- 우리는 사역자에게 합당한 사례를 지급하겠습니다.
- 우리는 재정이나 사역의 규모로 성공 여부를 평가하지 않겠습니다.
- 우리의 목표는 우리의 확장이 아니라 하나님 나라의 확장입니다.

관련 공동체

우리는 성령으로 세례받지 않고는 하늘로부터 오는 권세를 받을 수 없고 하나님의 일을 할 수도 없다고 생각합니다. 오늘날 교회의 여러 문제는 물과 성령으로 거듭나지 않은 니고데모와 같은 사람들이 주도하기 때문인지도 모르겠습니다. (요한복음 3:5) 이에 동의하는 작은 공동체가 있습니다.

하늘씨앗
교회

www.heavenlyseeds.net

031-398-4650

info@heavenlyseeds.org

MISSION PARTNERS
미션파트너스

미션파트너스는 변화하는 세상에 변하지 않은 복음을 새로운 방식으로 전할 수 있는 새로운 자원들을 일으키기 위해 시작됐습니다. 교육훈련, 포럼세미나, 네트워크, 정보출판의 네 영역에서 새로운 방식으로 타문화권 선교에 준비된 선교 자원을 발굴하고 모든 성도들로 하여금 세계를 품은 선교적 사람으로 살도록 도전하고 지원하고 참여하게 하는 일에 헌신할 것입니다. 선교와 관련된 어떤 도움이라도 요청하실 수 있습니다!

교육 & 훈련

선교는 한 번의 사건이 아니라 긴 여정입니다. 선교의 긴 여정을 돕기 위해서는 교육과 훈련이 필요합니다. 미션파트너스는 다양한 형태와 방식의 선교교육과 훈련을 제공합니다. 현재 연 2,000명 이상이 참여하는 <퍼스펙티브스>와 <텐트메이커스쿨>, <미션디스커버리>, <넥스트스텝>, <프렌드십퍼스트> 등 다양한 형태의 선교교육을 개발하여 타문화권 선교를 이해하고 참여할 수 있도록 돕습니다.

포럼 & 세미나

이제는 단지 더 많은 선교사를 파송하고 더 많은 선교 활동을 하는 것이 아니라 좋은 선교사를 보내고 선교 활동에 참여할 수 있도록 한국교회와 성도를 돕고 구비해야 합니다.

네트워크

선교는 본질적으로 협력함으로 성취할 수 있습니다. 미션파트너스는 지역교회뿐만 아니라 다양한 선교단체, 선교공동체, 선교기관 및 개인들과 네트워크를 형성하여 새로운 선교자원을 발굴하고 그들이 선교적 삶을 살 수 있도록 돕습니다.

정보 & 출판

반추하는 실천가가 필요한 시대입니다. 생각하고 선교하지 않으면 행동하는 대로 선교하게 됩니다. 미션파트너스는 선교와 관련된 생각들을 모으고 이를 알리고 확산시키는 일을 합니다.

미션파트너스
Mission Partners

주소 (08794) 서울특별시 관악구 남부순환로 1984 이공빌딩 5층
전화 02-889-6400 팩스 02-889-6404
홈페이지 www.missionpartners.kr 이메일 info@missionpartners.kr